ARRESTADO POR SU GRACIA

Donated by CLI Prison Alliance
Box 97095 Raleigh NC 27624
Write us a letter today!
Enroll in the CLI Bible study

Donado por CLI Prisión Alianza
Box 97095 Raleigh NC 27624
¡Escríbenos una carta hoy!
Inscribirse en el estudio bíblico de CLI.

ARRESTADO POR SU GRACIA

Héctor Vega

ARRESTADO POR SU GRACIA Copyright © by Hector Vega

ISBN: 978-1-950948-33-8

Contents

RECOMENDACIONES		vii
DEDICATORIA		ix
PRÓLOGO		xii
INTRODUCCIÓN		1
1.	NICO ESTÁ MUERTO	3
2.	CRECIENDO EN HELL'S KITCHEN	10
3.	SOÑANDO CON LA PIPA	19
4.	INTERVENCIÓN DIVINA – GLEN MILLS	28
5.	EL ATAJO (¡180 DÍAS Y DESPIERTA!)	38
6.	MICHELLE	46
7.	DIOS, SI ERES REAL, DETENME	57
8.	UNA ESPOSA QUE ORA	68
9.	DE CONDENADO A DESTINADO	78
10.	LIBRE AL FIN	88
11.	LEVANTÁNDOME DE ENTRE LAS CENIZAS	102
12.	UNA NUEVA SENSACIÓN	112

13. SOY UN DON NADIE TRATANDO DE   125
    DECIRLE A TODOS ACERCA DE ALGUIEN
    QUE PUEDE CAMBIAR A CUALQUIERA

EPÍLOGO: RESCATADO PARA RESCATAR   135

RECOMENDACIONES

"Héctor Vega vive lo que predica. Después de haber vivido tanto dolor y sufrimiento, él ahora tiene una historia para contar. Este libro es el testimonio del poder de Dios, de cómo cambió la vida de un hombre y de cómo igualmente puede cambiar tu vida. Serás conmovido, desafiado y profundamente fortalecido."

-Gary Wilkerson, *World Challenge Ministries*

"El género de testimonios cristianos abunda exorbitantemente en la literatura cristiana; libros de esta índole han sido ya escritos, sin embargo, ESTA historia resalta – es una que necesita ser compartida. ¡Nada puede llamar más nuestra atención que una historial real donde lo imposible literalmente se realiza una y otra vez! La historia de Héctor es fascinante, trágica, redentora y milagrosa. ARRESTADO POR SU GRACIA es el relato de un joven transformado de una Carrera Criminal a Pastor… de Delincuente a *CEO*… y de la Prisión a la Libertad."

-Nicky Cruz, Evangelista y Autor de, ¡Corre! Nicky ¡Corre!

La historia de Héctor Vega y su compromiso a que otros experimenten la libertad que rompe cadenas que sólo viene a través de Jesucristo es un testimonio de gratitud. Esta es la historia desgarradora, pero increíble de un cristiano de "quinientos denarios" quien sabe que se le ha perdonado mucho y rebosa con una gratitud transformadora y unción del poder de Cristo para liberar a los cautivos.

-Richard Galloway Fundador, *New York City Relief*

Algunas personas son inolvidables: su historia, sus experiencias, su impacto nunca te dejan. Héctor Vega es ese hombre y su historia es esa que te estremece y conmueve profundamente. Yo he conocido a este hombre desde hace años. Puedes escucharlo y sentirte fascinado igual que yo.

-Teresa Conlon Presidenta, *Summit International School of Ministry*

DEDICATORIA

A mi Padre Celestial, quien me amó mucho antes de conocerle. Quien estimó que valía la pena entregarse por mí, así que envió a Su hijo Jesús a morir por mí.

A mi preciosa esposa Michelle, a quien amo más de lo que ella pueda imaginar, quien se mantuvo a mi lado en las buenas y en las malas, y quien fue enviada a mi vida como un ángel disfrazado. Quien aún se queja de que ella sólo tiene un capítulo en el libro, pero que sin ella no habría un ARRESTADO POR SU GRACIA. Ella también dice que ella cambió mi manera de vestir y que debería ser más agradecido. ¡Señor, ayúdanos!

A mis hijos, Nicolás, Josías, Seth, las flechas en mi aljaba que serán lanzadas al campamento de los enemigos para el propósito y gloria de Dios; cada uno ha sido enviado a mi vida como regalos de Dios y señales de su confianza. Ustedes eran las razones visibles por las cuales me levantaba cada mañana, día tras día, cuando la tentación de volver a mis viejos caminos trataba de atraparme. Eran parte de las razones por las que quería hacer bien y quería ser mejor. Ustedes son mi orgullo y alegría.

A mi hija Skyler, preciosa princesa que se ha convertido en nuestro sol y una luz que Dios soberanamente colocó en nuestra familia. Quien quiere ser mi secretaria y la baterista de mi equipo de adoración. Quien ya ha crecido mucho, y es demasiado madura e inteligente para sólo tener 4 años. ¡Señor, ayúdame!

A mi madre Margie, quien nunca sintió el haber realizado algo digno de ser celebrado. Madre, yo te celebro a ti, y tengo la esperanza de que puedas celebrar esto. Yo te amo.

A mi padre Héctor sr, (apodo secreto: Toey) quien me amó y me animaba a jugar pelota y entrenaba los equipos de pequeñas ligas. Quien me enseñó tanto (aún durante mis luchas) acerca de la vida, la importancia de trabajar fuerte, el compromiso y la lealtad. Padre, tú eres una de las grandes razones por lo que hoy soy lo que soy. Yo te amo.

A todas las personas que me han animado en el camino y me dijeron que corriera hacia la luz; quienes declararon los planes y propósito de Dios para mi vida. Los pastores y líderes que han sido mentores y han hablado a mi vida. Teresa Delgado, Pastor Richie Wiese, Pastor Carter y Pastora Teresa Colon, Pastor William Carroll, Anciano Jerry Hampton, Anciano John Hernández, Anciano Chucks y el Pastor David Wilkerson quien fundó la iglesia y predicó los sermones que tendrían un papel fundamental en mi vida después de la prisión.

A mi maravillosa familia de la iglesia Comunidad de East Harlem, quienes merecen una medalla especial por seguir caminando conmigo y sobrevivir mis sermones. ¡Amado Jesús! Mi agradecimiento a todos aquellos que han contribuído en completar y publicar este libro (Sofía Álvarez, Tom Freiling, Melinda Ronn, Vacirca Vaughn.)

Un agradecimiento especial para la Pastora Elizabeth Figueroa, Olga

García y Pastor Carlos Pellot quienes me ayudaron grandemente con la versión en español.

Rev. Héctor Vega

PRÓLOGO

Los milagros aún suceden...

Pueden suceder en los lugares más oscuros de la ciudad de Nueva York.

De esto trata la historia de Héctor Vega, ARRESTADO POR SU GRACIA.

Yo he conocido y observado a este autor cambiar a través de los años por el mismo favor gratuito de Dios que inicialmente lo rescató de la oscuridad a la luz del Evangelio. Las personas que conocían a Héctor durante sus días oscuros de adicción y prisión estarían atónitas al verlo dirigir y presentar a otros a la misma gracia que radicalmente transformó su vida.

¡Vamos a llamarle otro milagro en la ciudad que nunca duerme!

Esta historia te animará, especialmente si la desesperación y falta de esperanza parecen saludarte (o a otra persona que conoces) todos los días y se burlan de tus fallas todas las noches. ¡Pero existe la verdadera esperanza – una salida del cautiverio y desesperación! Jesús es ESA esperanza porque Él es el CAMINO y te llama diciendo, "Yo soy la puerta; el que por mí entrare, será salvo; y entrará, y saldrá, y hallará pastos. El ladrón no viene sino para hurtar y matar y destruir; yo he venido para que tengan vida, y para que la tengan en abundancia." (Juan 10:9-10).

Héctor Vega encontró la puerta y convocó la valentía necesaria para rendirse al amor de Dios. Fue y es un tipo de rendimiento diferente. ¡No hay armas de fuego, no hay amenazas, no hay órdenes de que levantes las manos y mires a la pared! Sin embargo, por muchos años de su vida, este era el único rendimiento que Héctor conocía. De pronto, algo sucedió. Una voz suave y dulce habló a lo más profundo de su corazón. "Entrégamelo todo a mí, Héctor." Fue el llamado que precede a cada milagro que proviene del aliento de Dios en esta Ciudad. Cuando él se rindió, el Espíritu del Dios Todopoderoso vino sobre todo su ser.

La promesa de Dios es que todos los esquemas anteriores de pensamiento y de toma de decisiones, al igual, que patrones de cautividad aprendidos pierden su control cuando tú te sometes a la voz de Dios. El hombre o mujer que se rinde ante Dios se convierte en una persona completamente nueva, viviendo una nueva vida en el poder de Cristo.

Es entonces, en este preciso momento cuando el milagro comienza…

Serás animado y fortalecido cuando leas este libro. ¡Quizás tú o alguien que conoces sea el próximo milagro en Nueva York…o milagro en los Estados Unidos! Ya que no importa dónde vivas o quién seas – Dios está susurrando a tu corazón igual como lo hizo a Héctor. Tal vez, sólo tal vez, será la ultima vez que tu "foto policial" aparecerá en los expedientes de las cortes. ¡En lugar, ahora, aparecerás en el libro de Dios, llamado el "libro de vida… bajo el título ARRESTADO POR SU GRACIA! – *Carter Conlon*

Mi nombre es Héctor Vega. Y ésta es mi historia.

Puede que usted esté pensando por qué mi historia es importante. Después de todo, no soy famoso; no salgo en los noticieros nocturnos; no soy prominente. Soy solamente una persona ordinaria. Pero soy una persona ordinaria que se vio enredada en un mundo caótico y oscuro de abuso de drogas hasta que conocí a un Dios extraordinario, un Dios que podía poner (y puso) mi mundo caótico al revés. O, mejor dicho, ¿lo enderezó?

No fue fácil detallar todos los eventos sórdidos de mi vida en este libro. De hecho, fue realmente difícil, y a veces vergonzoso. Yo nunca he sido alguien que se preocupe mucho de lo que la gente piense, pero compartir toda mi humanidad, o debo decir, pecaminosidad, con el mundo no fue fácil. Pero era necesario. Era necesario porque mi historia muestra el poder de Dios y cómo Él puede transformar radicalmente una vida, mi vida, y transformar el caos en propósito, el dolor en alegría.

Comparto mi historia por una razón…

Si Dios pudo transformarme radicalmente a mí, un adicto a las drogas que vivía en una inmensa oscuridad, Él también puede transformarte a ti. Puede que seas un adicto (como lo era yo), o una persona común y corriente que tiene luchas internas escondidas – cicatrices de abusos, fracasos, soledad, depresión, ansiedad, rechazo, o falta de sentido, sin embargo, necesitas un cambio; un cambio de pensamientos, sentimientos o comportamiento. Y quizás estás en un punto en que te sientes sin esperanza; creyendo que no existe una manera en que puedas escapar del hoyo en que te encuentras.

Pero hay una manera. Y hay esperanza.

Es por eso que ahora comparto mi historia contigo.

1

NICO ESTÁ MUERTO

Me despertó el ruido de los oficiales de corrección entrando apresuradamente al bloque de celdas, las llaves chocando unas contra otras en sus llaveros, sus transmisores y... sus gritos interrogando a los reclusos. Ellos querían averiguar si uno o más de nosotros había provocado o aterrorizado a José de alguna manera que lo hubiera llevado a suicidarse...una ocurrencia común en Rikers Island, una cárcel en la ciudad de Nueva York.

En realidad, yo no conocía muy bien a José. De hecho, no estoy enteramente seguro de que su primer nombre era José. En cambio, de lo que sí estoy seguro, es que su apellido era el mismo que el mío y de que dormía en la celda frente a la mía. Yo no lo veía mucho porque estábamos encerrados veintitrés horas al día, pero lo que más recuerdo del recluso Vega era lo deprimido y retraído que estaba.

Lo interesante es que sin importar lo dura que era la vida en la prisión, me inquietaba que alguien pudiera llegar a unos niveles de desesperación tan profundos que lo llevaran a suicidarse. Y no podía dejar de pensar en la manera en que tomó su propia vida. Un recluso dijo que él se había colgado del techo. Alguien más dijo que él había amarrado sus sábanas a la cama y había usado su propio peso para ahorcarse al dejarse caer al piso.

José era un hombre joven. No muy diferente a mí. Yo tenía 18 años de edad y debería haber estado haciendo algo diferente con mi vida. Yo tenía mucho potencial, pero debido a mis malas decisiones, tenía muy poco que demostrar de ese potencial. Y aunque mi vida no era "color de rosas", el pensar en el suicidio nunca había pasado por mi mente. A pesar de ser un tipo "duro" encerrado en la cárcel, yo no podía evitar pensar lo trágico que era para un hombre joven perder su vida de manera tan lamentable. En realidad, eso me molestaba, y bastante. No podía sacar la finalidad de todo ello de mi mente.

Encima de esta súbita tragedia, había otra dolorosa contrariedad sucediendo al mismo tiempo. Como José y yo teníamos el mismo apellido, el personal del bloque C76 de *Riker's Island* envió a un capellán de la prisión a casa de mi familia para decirles que su hijo, Héctor Vega, se había suicidado. Peor aún, mi familia no tenía manera de verificar esa información. Debido a la investigación sobre el suicidio de José, los guardias habían puesto nuestro bloque de celdas en cierre total. No se permitían llamadas ni visitas. Por un día y medio, toda mi familia pensó que me habían perdido por suicidio.

En ese momento, yo no tenía idea de que había ocurrido un error de identidad. De hecho, mientras todo esto estaba pasando, yo sólo pensaba en José y su familia. ¿Cómo tomarían ellos la noticia del suicidio de José? Mentalmente, yo trataba de encontrar la respuesta preguntándome cómo mi familia habría reaccionado si se hubiera enterado de que yo me había suicidado.

Según escuché años más tarde, mi familia pasó un día y medio de angustias y desconcierto. Mis padres habían comenzado a preparar mi funeral, algo que ningún padre o madre espera (o quiere) hacer jamás. Mi familia experimentó todo tipo de emociones: ira, confusión, depresión y, sí, culpa. Hasta mis amigos del barrio se agitaron y se enfurecieron pensando que yo me había suicidado y me había ido para siempre. Algunos de los muchachos del barrio se alborotaron tanto que trataron de volcar un auto. Mientras la mayoría se iba derrumbando del dolor, mi madre fue la única que se rehusó a aceptar las noticias de mi suicidio. Ella no podía creer que yo me hubiera matado. A pesar de lo que había oído, y de las circunstancias que originalmente me llevaron a prisión, ella se mantuvo negando esa posibilidad. Muchos años después, cuando finalmente discutí el incidente con mi madre, descubrí que ella le había dicho al capellán de la prisión que yo estaba demasiado lleno de vida como para matarme. Y le hizo saber, muy claramente, que ella no creería la noticia hasta que viera mi cadáver con sus propios ojos.

Irónicamente, aun dentro de mi propio bloque de celdas había información errónea. Yo tenía un tío que cumplía una condena en el bloque C76, junto conmigo. Evidentemente él había estado bajo la misma impresión que el capellán de que era yo y no José quien se había suicidado. Como nuestro bloque de celdas estaba en cierre total durante la investigación policiaca y no podíamos llamar por teléfono ni hablar con nadie, mi tío decidió que él averiguaría lo que me había pasado. Cuando pudo visitar el exterior de mi bloque, trató de llegar a mí, pero los guardias lo detuvieron. Tan pronto pudo, mi tío volvió a mi bloque por segunda vez y empezó a llamar mi nombre. Empezó silbando y llamando, "¡Nico! ¡Nico! ¡Nico!"

Finalmente lo escuché llamándome y le contesté con un grito, "¡Estoy bien!" Y fue a través de mi tío que finalmente mis padres supieron que no había sido Héctor Vega quien se había suicidado.

Mi tiempo en *Riker's Island* fue difícil. Fue durante los calurosos meses de verano y yo me sentía furioso y aislado del mundo. Lo único que hacía, día tras día, era pensar. Y eso no me traía nada más que desespero. Pensaba sobre todas las oportunidades que había perdido; y me lamentaba de mis muchos remordimientos. Sentía vergüenza y culpa por estar en prisión, una y otra vez. Pero todavía no tenía la motivación para cambiar, cambiarme a mí mismo y cambiar mi vida. No, yo no había fallecido ese día en el bloque C76.

Pero puedo decir que definitivamente estaba "muerto", aunque yo no lo sabía en ese momento. Estaba muerto en mis pecados... Estaba muerto para mi familia...Estaba muerto para el YO que podía haber sido sin las drogas...

Estaba muerto para la sociedad, encerrado en una diminuta y oscura celda veintitrés horas al día...Estaba muerto para lo que la sociedad pudiera ofrecerme... Estaba muerto para todo lo que Dios tenía para mí

Hasta hoy día, me pregunto sobre aquella confusión. Me pregunto si Dios estaba tratando de enseñarme lo que podía haber sido para mí: acabar muerto en la celda de una cárcel, tal vez por suicidio o algo peor.

Tú pensarías que estar "muerto" por un día me habría cambiado. Pensarías que saber de la reacción de mi familia a mi "muerte" habría derrumbado la pared de piedra que cubría mi corazón. Pero no lo hizo.

Después de cumplir mi condena, volví a las calles de *Hell's Kitchen*, de vuelta a las drogas, y de vuelta al estilo de vida que me llevó a la cárcel en primer lugar.

Aunque sí hubo un cambio. Decidí que era hora de moverme, por decirlo así, a un barrio mejor; un barrio donde la gente no supiera de mis mentiras y trampas. En esta ocasión las drogas me llevaron más al norte de la ciudad, a la calle 137 y Broadway. Terminé en Washington Heights porque buscaba la manera de rendir mi dinero al máximo. Y quería una ganancia mayor. Así que salí a buscar nuevos socios para mis negocios de drogas en mi nuevo vecindario. Busqué los contactos grandes con distribuidores colombianos o dominicanos que me ayudaran a conseguir el producto de mejor calidad al precio más bajo. Y también buscaba nuevas maneras de darme a conocer a los narcotraficantes locales para poder obtener el producto a crédito antes de que ellos se enteraran de que yo era un adicto que se drogaba con su propio inventario.

Yo tenía grandes expectativas de mi nuevo vecindario, pero parecía que mi estilo de vida siempre me derrotaba. Y estar en un nuevo vecindario no evitó que fuera arrestado otra vez. Una noche, uno de mis tíos estaba vendiendo drogas en esta área. Me encontré con él en el vestíbulo del edificio de apartamentos 602 en la calle 137 en el oeste de Manhattan. Desafortunadamente, no nos habíamos dado cuenta que él acababa de venderle drogas a un policía encubierto. Tan pronto salí del edificio, oficiales encubiertos me cayeron encima. Era como si yo estuviera en una película, todo era surreal. Yo no podía creer que estaba siendo arrestado por ser parte de una redada antidrogas. Yo no tenía nada que ver con eso. Pero como tenía un historial criminal, y estaba en el sistema, parece que no importaba si era inocente o no, siempre se presumió que yo era culpable. Esta rampante injusticia me molestaba bastante por ser arbitraria y por ser algo con lo que me encontré en más de una ocasión en mi vida. Por ejemplo, hubo otra ocasión en que un amigo, Ángel, me vio parado en la calle 49, entre las avenidas 9 y 10. Él conducía un auto nítido y se estacionó al borde de la acera para hablarme. Entré al carro para sentarme y seguir conversando. ¡De repente, varios policías nos rodearon y entonces nos arrestaron por haber robado el auto! Como ya había sucedido con algunos de mis arrestos previos, volví a pasar por las manos del sistema y fui dejado en libertad bajo mi propia responsabilidad prometiendo regresar a la corte el día señalado mientras trataba de demostrar mi inocencia. Más tarde, averigüé que Ángel tenía un cliente que había empeñado su auto para comprar *crack*. Cuando al hombre se le pasó el efecto de las drogas, llamó a la policía y dijo que le habían robado el auto. Años más tarde, el cargo fue eliminado de mi historial, pero mi vida se había convertido en un círculo vicioso de drogas, arrestos y turbulencia.

NICO ESTÁ MUERTO

1. Otros nos dan un nombre callejero o se asume en función de una debilidad o fortaleza percibida. A veces nos damos un nombre callejero porque no nos gusta el nombre que nos han dado nuestros padres y queremos llegar a ser como otra persona. ¿Cómo la identificación con nuestro nombre callejero puede afectar la forma en que vivimos?

2. Héctor relata haber sido arrestado por una redada de drogas con la que él no tuvo nada que ver. ¿Alguna vez sientes que has sido etiquetado o tratado injustamente por otros? ¿Cómo has manejado esa situación?

3. Héctor mencionó que tal vez la muerte de un compañero recluso era un tipo de advertencia. ¿Alguna vez Dios te ha advertido? ¿Cómo? ¿Cuál fue tu respuesta?

4. ¿Qué crees que pueda llevar a una persona a considerar que el suicidio sea la única respuesta? ¿Has visto a familiares o amigos perder sus vidas en la cultura callejera? ¿Cuál es tu respuesta cuando te das cuenta que sigues vivo a pesar de las circunstancias que rodean tu vida?

5. La vida de Héctor tiene que ver con la transformación. ¿Qué dice la Biblia sobre la transformación?

2

CRECIENDO EN HELL'S KITCHEN

Dice el viejo refrán, "El que juega con fuego se quema." Pero si eras un joven creciendo en Hell's Kitchen, en la ciudad de Nueva York, no había manera de evitar la quemada. O así me parecía a mí. ¡Siempre me encontraba en problemas!

Hell's Kitchen, también conocida como Clinton y Midtown West, es un vecindario en Manhattan, entre las calles 34 y 59 oeste, cubriendo desde la 8va avenida hasta el Río Hudson. El vecindario comenzó con un influjo de inmigrantes irlandeses a finales de los 1800, y fue prontamente seguido por europeos del este a principios de los 1900. En los 1950 la zona vio un influjo de inmigrantes puertorriqueños y afroamericanos sureños. En contexto, *Hell's Kitchen* se conocía como un área mayormente irlandesa de estibadores, carnicerías, fábricas, almacenes, madereras y patios de ferrocarriles que proveía empleos a la enorme población inmigrante de bajos ingresos que se estableció allí. Pero para los que vivían en ella, era conocida por sus pandillas, contrabandistas, prostitutas, la tensión racial, grupos del crimen organizado, y traficantes de drogas.

Según muchos libros de historia, nadie puede definir con exactitud cómo la zona llegó a ser conocida como *Hell's Kitchen*. De hecho, hay tantas historias sobre el origen del nombre que ha servido de base para un impresionante folklore. Una historia muy popular narra que dos policías, un veterano y un novato, se encontraban en medio de una revuelta racial cerca de la esquina de la calle 39 oeste y la avenida 10. El novato, mirando el caos, dijo, "Este lugar es el mismo infierno." El veterano se rio y le contestó, "El infierno es nada comparado a esto. Esto es *Hell's Kitchen*."

Crecí justo en el corazón de *Hell's Kitchen*. Créame, no es exactamente la clase de lugar donde querrías criar a tu familia.

El caos gobernaba las calles de mi barrio. En cualquier esquina podías encontrar a individuos depredadores, hombres en la Avenida 8 que manipulaban y engañaban a niños para venderlos como esclavos sexuales; mujeres que te seducían para enredarte sexualmente; y traficantes de drogas y usureros que acechaban al débil y al necesitado. Todos eran timadores. Todos tenían una trampa. Aprendías con rapidez a mantener la cabeza erguida, los ojos abiertos y la boca cerrada. Ocuparte de tus propios asuntos y ser listo en la calle, hacía toda la diferencia entre llegar a tener éxito y mantenerse vivo, versus salir de allí hecho pedazos.

A pesar de todo el caos en las calles de *Hell's Kitchen*, siempre sentí que la pasé bien durante mi infancia. Teníamos una familia grande y extendida, tías, tíos y primos me rodeaban y abuelas que me querían. Como una buena familia latina, a ellos también les encantaban las fiestas. Las fiestas eran ruidosas y duraban toda la noche, tradicionalmente acababan en una pelea cuando alguien había bebido demasiado. Por supuesto, beber era un pasatiempo favorito en las fiestas familiares. Crecí pensando que eso era algo normal y como resultado, empecé a tomar sorbos de cerveza a escondidas de mis padres desde que tenía once años de edad.

Crecí en la calle 47 oeste, que era una comunidad pequeña dentro del barrio. En mi mente, ese era el centro de acción de Midtown Manhattan, seguido de cerca, en segundo lugar por la legendaria calle 42. Había por lo menos cincuenta muchachos en nuestra cuadra. Todos nos conocíamos y siempre disfruté la libertad que se me daba de salir a jugar, cuando y donde yo quisiera. Hasta los dos cortos meses de vacaciones de la escuela siempre me parecieron largos y divinos; parecía que el verano durara para siempre porque yo dejaba mi casa en la mañana y regresaba tarde en la noche.

Crecí con cierto sentido de aventura y travesura, lo que siempre parecía meterme en algún tipo de problema. De hecho, en *Hell's Kitchen* los varones eran los buscapleitos. No teníamos límites. Puedo recordar a una manada de muchachos pedaleando en nuestros *Big Wheels* y patinando a través de los terminales de la Autoridad de puertos sólo para divertirnos. Uno de los muchachos de nuestro barrio se robó un autobús del terminal de la Autoridad de puertos (sólo por diversión), lo llenó de estudiantes de la escuela intermedia y los llevó hasta la playa. ¡Estupideces de muchachos!

Mi padre era un chofer de taxi y un hombre con una fuerte ética de trabajo. Tomaba muy en serio su obligación de proveer para la familia, muchas veces trabajando largas horas y a veces tomaba un segundo trabajo o trabajos esporádicos para llevar el pan a la mesa. Mi madre era un ejemplo perfecto de ama de casa que cocinaba, limpiaba y administraba el hogar. Hacía el mejor esfuerzo posible para ayudarnos con nuestras tareas escolares, y nunca cuestionamos el hecho de que nuestros padres nos amaban.

La vida parecía ser buena para mí a finales de los '70, pero yo ignoraba las dificultades que nuestro país enfrentaba. La economía era débil y el desempleo era alto. Recuerdo los apagones y las largas filas para comprar gasolina. Nosotros estábamos lo suficientemente estable que una familia pudiera estar en *Hell's Kitchen*. Tenía amigos, me divertía, y había encontrado el pasatiempo favorito de los Estados Unidos, el béisbol. Adoraba tanto ese deporte que dormía con una bolsa de pelotas, mi bate, y mi guante cada noche. Por supuesto, yo era fanático de los *Yankees* y nunca me perdía sus partidos por televisión. Yo era un muchacho delgado y no muy alto, pero a pesar de mi tamaño y aparente falta de fortaleza, era un buen jugador de béisbol.

Podía correr, lanzar, bateaba de promedio, era un gran guardabosque central, y lanzaba del montículo como un campeón. En ese tiempo, mi padre tomó el pasatiempo de ser entrenador de mi equipo de pequeñas ligas. Jugábamos en una liga del *Lower East Side* cerca de la calle Hudson. ¡Amábamos el béisbol, los perros calientes, los días de verano, y a las muchachas animándonos! A menudo soñaba con batear el "jonrón" ganador o hacer una captura milagrosa.

Pero en algún momento, las cosas comenzaron a cambiar. Comencé a darme cuenta que había tensión en la relación de mis padres. Parecía que discutían a menudo y yo no sabía de qué se trataba todo aquel estrés, pero esto comenzó a causar cambios, incluyendo cambios dentro de mi corazón. Encontraba paz en las calles y éstas me atraían cada vez más.

Hay ciertos recuerdos que se quedan con uno para siempre. En mi infancia, una de mis abuelas, la mamá de mi papá, murió en un accidente automovilístico. Su muerte realmente desgarró el tejido de nuestra familia. Se hizo evidente que ella era el pegamento de ese lado de la familia, porque en cuanto murió, todo pareció derrumbarse para mi papá y sus hermanos. Poco después, mi tío favorito llamado Monchie murió de una sobredosis de heroína a la tierna edad de 25 años. Lo encontraron muerto en el Motel *Wanaque*, que era una pocilga. Nunca supe todos los detalles que rodearon su muerte, pero aparentemente él había sido un adicto por mucho tiempo. Él tomó algo esa noche que le costó la vida. Todos estábamos completamente impactados por la repentina y trágica pérdida. Su funeral fue doloroso y largo, y pareció durar casi una semana. Yo fui claramente impactado por esa pérdida.

Mi "niñez feliz" dio un giro a lo peor y me sumergió en la realidad de eso que se conocía como "la vida en las calles de *Hell's Kitchen*".

Mi padre siempre había sido alguien que odiaba las drogas. Él aconsejaba a mis tíos que dejaran de usarla y venderla, pero esto siempre pareció ser un ejercicio inútil. Aún después de la muerte de mi tío, algunos de mis otros tíos continuaron su adicción a las drogas. Por lo menos mi padre se mantuvo firme en su rechazo a ellas. Esto fue así hasta los comienzos de la década de los 80. De repente, mi padre comenzó a interesarse por las drogas y a venderlas. Eran tiempos difíciles, había pocos empleos, mucha inflación y pocas oportunidades. La seducción y los beneficios del dinero fácil lo atrajeron así que recurrió a las calles para buscar una salida fácil a sus problemas. Mirando atrás, mi madre dijo que ella sentía que mi padre estaba cansado de trabajar tanto y de aparentemente no conseguir nada en la vida; él tomó el camino del dinero rápido para mantener a su familia.

Para ese tiempo, yo ya estaba totalmente sumergido en la cultura callejera, experimentando cosas más allá de mi edad. A los once años, ya estaba bebiendo alcohol. A los doce, ya experimentaba con marihuana, faltaba a la escuela y trataba de ser un tipo atractivo para las muchachas. Aunque mis amigos y yo no andábamos buscando problemas, a menudo peleábamos con muchachos de otros barrios. Todavía éramos jóvenes e ingenuos, aún no nos habíamos involucrado con la cultura de drogas que era rampante en *Hell's Kitchen*, pero el fuego venía acercándose. La vida de la calle estaba al acecho. Y entonces, todo cambió muy rápidamente.

¿Qué atrae a la gente a la cultura de las drogas? Para mis amigos, para mí y aún para mi padre, era el dinero fácil. Empezamos a notar lo rápido que los vendedores hacían dinero y cómo vivían– tenían los mejores trajes, los mejores "juguetes", y por supuesto, todas las chicas lindas. Así que mis amigos y yo comenzamos a vender drogas también.

Al principio, vender drogas era simplemente para hacer dinero, conseguir ropas de marca e impresionar a las chicas del barrio. Pero predeciblemente, se convirtió rápidamente en la manera de poder costear una creciente adicción personal.

La libertad que mis padres me dieron me permitía salir y explorar nuevas cosas y tener la diversión que yo siempre buscaba. A primera vista, las calles son hipnóticamente fascinantes; te atraen te incitan, te excitan, y parecen relucir como oro. Cuando yo salía una noche de verano, la adrenalina pulsaba en mis venas. Me sentía como si fuera invencible y listo para todo. Amaba la acción. Amaba la aventura de no saber qué podía pasar de un momento a otro. Y necesitaba esa emoción.

Pero muy adentro había otro sentimiento escondido en mi corazón. Era el deseo de tener otra vez una vida familiar feliz; tener la estabilidad de una niñez inocente; la necesidad de estructura y disciplina; y, por qué ocultarlo, el deseo de hacer lo correcto. Pero, ya que yo no sabía cómo conseguir que todas esas cosas volvieran a mi vida, continué ignorando esos sentimientos incómodos y me lancé de cabeza a la vida de la calle y a la cultura de las drogas.

Como un amo cruel, las drogas causaron que yo abandonara mucha de mi conciencia y me hundieron en una vida que hería a mi propia alma.

Eventualmente, mi padre comenzó a traer su negocio de drogas a la casa. El vendía principalmente heroína. Y aunque él no había comenzado a usar la droga, ciertamente estaba ganando un montón de dinero. Había todo tipo de gente entrando a nuestra casa a todas horas del día y de la noche. Al principio, mi madre estaba opuesta a eso, pero eventualmente se le hizo difícil darle la espalda al dinero fácil y al gran estilo de vida que éste proveía. Por primera vez en mucho tiempo, mi padre estaba pasando más tiempo en casa porque ya no tenía que trabajar empleos difíciles para mantenernos. Como ya yo estaba envolucrado con las drogas en la calle, fue natural que empezara a racionalizar que de la manera que vivíamos ahora era normal y perfectamente aceptable. Después de todo, no éramos la única familia en *Hell's Kitchen* tratando de sobrevivir de cualquier forma. Mi hermano, mis hermanas, y yo nos hicimos inmunes a este estilo de vida. Continué diciéndome a mí mismo lo que tuviera que decirme para conseguir que todo pareciera normal en mi mente. El recuerdo de estos días y noches parecen como una niebla de lejanas memorias que se funden unas con otras. Los sonidos danzan dentro de mi cabeza. Todo se movía demasiado rápido y yo sentía que estaba en una montaña rusa, cayendo en espiral sin poder saltar de ella.

Una noche, mientras mi padre, su socio y yo estábamos en un apartamento en el Bronx empacando bolsitas de heroína (mi padre me pagaba como su asistente en el negocio familiar), mi padre empezó a fumar *crack* cuando su socio salió de la habitación. Aún estando ahí, sentado usando drogas frente a mí, yo estaba en negación. Yo ya había experimentado con la cocaína y no quería mirarlo, ya sabía lo que las drogas pueden hacerle a una persona, así que me quedé ahí sentado mirándolo. Podía oler el humo y me imaginaba el sabor que podía tener. Mi padre me miró y me dijo, "¿Es esto lo que quieres? ¿Quieres drogarte?" Balbuceé, "Sí."

Mi padre me miró e inexplicablemente me dio la pipa y dijo, "Creo que me voy a arrepentir de esto por el resto de mi vida." Yo era un adolescente. Podía sentir mi corazón saliéndose de mi pecho. Instantáneamente me di cuenta que no había vuelta atrás de este momento, ni para mí ni para mi padre. Y aunque traté de negármelo a mí mismo, sabía que acababa de cruzar una línea, una línea muy importante.

Levanté mi cabeza y miré a mi padre mientras él hablaba. Irónicamente, las palabras de mi padre se convirtieron en una profecía sobre nuestras vidas. Presencié mucha maldad cuando niño. Sólo la misericordia de Dios me salvó de muchas de las horribles situaciones que destruyeron a tantas vidas en mi vecindario.

El enemigo de nuestras almas viene a robar nuestra identidad; viene a matar nuestro propósito y destruir nuestro destino. Pero hay uno que ha venido a darnos vida, a hacer que nuestros torcidos caminos se enderezcan.

CRECIENDO EN HELL'S KITCHEN

1. Nuestra familia tiene un gran impacto en nuestros pensamientos y carácter a medida que vamos creciendo. ¿Qué percibes que fue positivo o negativo sobre tus experiencias familiares? (Los temas de discusión pueden incluir: padres como modelos a seguir, comunicación en el hogar, discusión espiritual, etc.)

2. ¿Cómo lidiaste con eso o todavía estás luchando con la ira, vergüenza, miedo o culpa?

3. ¿Alguna vez te has preguntado, "¿Por qué a mí?" ¿Qué mentalidades son el resultado de este tipo de diálogo interno negativo?

4. ¿Qué es el perdón? ¿Has perdonado a tus padres, a otros y a Dios por áreas en tu vida que fueron injustas o parecen ser injustas?

5. Tómate un momento para definir quién eres.

3

SOÑANDO CON LA PIPA

Desde el primer momento en que encendí esa pipa, mi vida cambió. Ese primer segundo en que inhalé el humo hizo que múltiples colores explotaran dentro de mi cabeza. Me sentí más enfocado y alerta de lo que jamás me había sentido en toda mi vida. Mientras las drogas fluían dentro de mis venas, mis pulmones, mi sistema completo, mi autoestima fluía también con ellas. Todo se sentía completamente…perfecto. Fue, en ese momento, el mejor sentimiento que yo había experimentado jamás… pero no duró. Tan rápido como la droga me llevó al tope del mundo, así mismo me trajo abajo.

De inmediato quise tener esa sensación una… y otra vez. Las personas que han fumado crack o cocaína en pasta conocen bien el viejo dicho, "¡Una fumada es demasiado y mil nunca bastan! ¡Estás persiguiendo al dragón!

La cocaína en pasta se convirtió en el centro de mi vida. Tomó el control de cada momento en cada día de mi vida. Se volvió la motivación de cada uno de mis pensamientos, de cada acción y cada reacción. Yo tenía que sentir aquella sensación otra vez. Yo tenía que hacer lo que hubiera que hacer para sentir aquel primer furor de nuevo. Era lo único en lo que podía pensar; era el único deseo que mi cuerpo ansiaba, y lo único que podía satisfacerme.

Hice todo lo que creía que tenía que hacer para tratar de volver a tener esa sensación. Robé, engañé, estafé y manipulé a todos los que me encontraba en el camino tan sólo para drogarme. Cuando debía de haber estado en la escuela, estaba en las calles del barrio vendiendo drogas para poder comprar drogas. Cuando el vender drogas no era suficiente, comencé a envolverme en delitos menores para poder sentir aquella excitación. Me encontré haciendo cosas que no había hecho jamás, como robarles cosas a los niños de la escuela y arrancarles del cuello cadenas de oro a las personas. Hasta empecé a robarle heroína a mi padre para venderla, y cuando no pude hacerlo, vendía drogas falsas a personas en la calle. Fuera talco para bebés o aspirina triturada, lo hacía pasar como cocaína a quienes buscaban cocaína o heroína. El proceso completo se convirtió en una forma de arte para mí. Me sentía orgulloso de que yo podía convencer a mis "clientes" de que el talco para bebés y la aspirina triturada eran drogas reales. De hecho, para engañarlos, yo ponía un poco de la droga verdadera arriba de las botellas de *crack* para camuflar las falsas. De esa manera, si querían probarla, iban a sentir un golpe real.

El estafador de Hell's Kitchen

Robar y timar se convirtió en mi manera de vivir, la forma de poder costear mi hábito. La gente venía a casa de mi padre para comprar drogas, y yo (a través de una ranura en la puerta) les tomaba el dinero, cerraba la puerta y me escapaba por la ventana del baño. Vivía escondiéndome de mi padre, que andaba siempre buscándome por las calles. Yo estaba muy ocupado persiguiendo aquella sensación como para pensar que estaba poniendo en peligro a mi padre y a su casa. Mientras yo pudiera conseguir mis drogas, todo andaba bien en mi mundo. No me interesaba lo que pudiera haber pasado. Mirando atrás, creo fielmente que fue la mano de Dios la que mantuvo la tragedia alejada de mi familia o de mí. Había tantos clientes molestos con que yo les hubiera robado su dinero o les hubiera vendido heroína falsa (lo que podía haberles causado un daño real cuando se la inyectaran en sus venas), que, si no fuera porque mi padre se mantenía limpiando mis desastres, sólo Dios sabe lo que pudiera haber pasado. Desafortunadamente, nada era sagrado. Ni nada estaba prohibido.

Hasta las pertenencias de mi madre no estaban exentas de mis sucias maniobras. Un día mi hermana Denise se me acercó con una fría mirada en el rostro. Sus ojos parecían de acero y me miraba con disgusto. Me dijo, "¿Qué pasa contigo? ¿Por qué estás haciendo estas cosas? ¿Cómo puedes robarle a mamá y a papá?"

Yo sabía que el corazón de mi hermana estaba hecho pedazos por quien me había convertido y lo que estaba haciendo con mi vida. Desearía poder decir que sus palabras tocaron mi corazón, pero en realidad no lo hicieron. Aún con mi propia hermana confrontándome, todo en lo que yo podía pensar era en volver a drogarme.

No sólo robaba de mi familia, también lo hacía de mis amigas en la escuela. A veces yo conseguía que una de ellas me "prestara" un brazalete, una cadena o alguna prenda valiosa. Cuando yo les decía, "Déjame usar eso," ellas no tenían idea de que yo estaba camino a la casa de empeño para conseguir dinero para las drogas.

La familia de una de mis novias se dio cuenta que yo había empeñado el brazalete de su hija para drogarme. Su madre vino a nuestra casa y confrontó a mi padre con la situación. Mi padre salió a la calle, me encontró y me forzó a decirle en dónde yo había empeñado el brazalete. Él era bien conocido en el vecindario así que pudo convencerlos de devolver la prenda y él pagó el balance que se debía. La caminata de regreso a casa fue lo más humillante. Sentía que caminaba la plancha de un barco pirata y estaba a punto de saltar al abismo. Mi padre, por supuesto, estaba furioso y rompiéndose la cabeza por no saber qué hacer conmigo.

Me sentía avergonzado de que mi padre fuera quien le devolviera lo que yo había robado a mi amiga. Aún peor era que esta amiga en particular había sido mi noviecita de la niñez; siempre nos habíamos gustado. Su madre me dijo algunas palabras fuertes y se limitó a mirarme con dolor en sus ojos. Yo podía escuchar lo que ella no estaba diciendo, estaba confundida y tratando de adivinar qué me había pasado. Me sentí horrible por dentro por lo que había hecho, pero no lo suficientemente mal como para hacer un cambio en mi vida.

Ahora, mientras miro hacia atrás, me es difícil recordar los detalles de principios de los años 80. Yo estaba tan drogado la mayor parte del tiempo, que muchas de las memorias han desaparecido. Una gran cantidad de detalles de eventos significativos que sucedieron en mi vida son como sombras, puedo "verlos", pero no son totalmente claros. Lo que sí recuerdo es que mi padre se veía agobiado todo el tiempo. Él estaba empezando a usar heroína y la pasta de cocaína se convirtió en un hábito para él. Mi madre también estaba siempre muy nerviosa, lo que hacía las cosas insoportables en casa.

Mi padre y yo éramos ambos adictos a las drogas viviendo bajo un mismo techo y estábamos en guerra. Peleábamos constantemente y en algún momento dado, desarrollé amargura y odio contra mi padre.

Como si las cosas no estuvieran suficientemente mal, empecé a experimentar con otra droga llamada *Bazooka*. La *bazooka* era el residuo de la cocaína que se cocinaba en Colombia.

Después de cocinada, el residuo de cocaína se raspaba del fondo de la hoya usada. Ese residuo se rociaba sobre la marihuana y se fumaba. Era una droga de preferencia porque se sentía como una anfetamina – te elevaba y te bajaba a la misma vez. La *bazooka* aún te permitía comer mientras estabas drogado, a diferencia del *crack* y a veces más barata que éste. En aquellos días la cocaína era cara, $50 por medio gramo y $350 por lo que llamábamos una "Bola de ocho". Mis amigos y yo probamos la *bazooka* por primera vez en casa de los padres de un amigo. Durante el tiempo que estuve adicto a la *bazooka*, pasé casi todo mi tiempo entre la Calle 48 y la Avenida 10, el parque de *Hell's Kitchen*. El tráfico de la *bazooka* era exitoso y había muchos colombianos y ecuatorianos que vendían la popular droga. Según me fui enviciando con ella, además de la pasta de cocaína que ya estaba usando, las cosas comenzaron a ir de mal en peor. Una vez que comencé a usarla no pude parar. Yo podía empezar un día y continuar fumándola por dos o tres días seguidos, sin parar, sin comida, sin agua, y sin dormir. Yo fumaba y fumaba hasta que mi cuerpo finalmente caía exhausto.

Todo ese uso de drogas comenzó a causar muchos conflictos entre mis padres. Mi padre ya estaba harto y trataba de encontrar formas de disciplinarme, mientras mi madre trataba de protegerme de él. Mi padre se desesperó, sin saber que más hacer conmigo. Estaba furioso conmigo, y quizás algo molesto con él mismo. Pero, mirando atrás, me doy cuenta que se sentía frustrado y preocupado. Él había intentado, a su manera, todo lo que podía hacer para protegerme, sin saber qué podía mantenerme seguro. Cuando llegó a la conclusión de que yo iba a seguir usando drogas, me dijo que viniera a donde él, en lugar de ponerme en peligro en la calle. A veces, yo me daba por vencido por la falta de dinero y me drogaba con mi padre, pero la mayor parte del tiempo yo evitaba dicha situación.

Yo recibía de $100 a $200 por noche, como pago por envasar las drogas que vendía mi padre. Sabía que él estaba tratando de mantenerme cerca y alejado de las calles, pero nunca pude acostumbrarme a hacer ese trabajo para él. Aún después de todo lo que yo había hecho para mantener mi hábito a las drogas, yo aún sentía, muy dentro de mí, que estaba haciendo algo malo frente a mi padre y con mi padre. Piensa en esto, ¿quién empaca drogas con su padre? Comencé a sentirme avergonzado. Como Adán en el Jardín del Edén, yo trataba de esconder de mi padre lo que estaba haciendo. Aún mi padre sabiendo lo que pasaba, yo no quería que él viera lo que yo estaba haciendo.

Cuando yo empacaba con él, mi vergüenza era palpable y de alguna manera sabía que las cadenas se estaban cerrando sobre mis manos, pero parece que todavía yo no me daba cuenta. Me estaba convirtiendo en un esclavo de todo y eso me hacía caer aún más profundo en un abismo de depresión.

A principios de los 1980, muchos cubanos migraron de la Florida a la ciudad de Nueva York. Nos dimos cuenta que eran parte del éxodo masivo que Fidel Castro liberó de las cárceles cubanas. Los cubanos eran una raza diferente de los colombianos, puertorriqueños, y dominicanos, etc… eran un poco más inescrupulosos y deseosos de hacer lo que hubiera que hacer para tener éxito. Estaban aquí para dejar su huella, como si tuvieran hambre de recuperar el tiempo que perdieron en Cuba. Yo me llevaba bien con un par de ellos que parecía gustarles andar conmigo. Pero lo que en realidad querían de mí era que yo les pasara mi clientela y los presentara a la gente del vecindario. Lo hice, pero nunca estaba tranquilo por la incertidumbre de todo, de no saber si las cosas iban a cambiar ni cuándo iban a cambiar. Lo que quiero decir es que esta es la vida que se lleva en el carril de la vía rápida; todo vale y todo puede pasar... en un instante.

Durante este mismo tiempo, hubo una gran cantidad de prostitución, o debo decir, una nueva forma de prostitución. Éstas eran mujeres comunes y corrientes, madres, hermanas, enfermeras y secretarias atrapadas en el mundo del *crack* y la *bazooka*. Las mujeres encontraron muy difícil el decir no a vender sus cuerpos por una piedra de *crack* porque lo más profundo de cada una de ellas estaba gritando por más droga; otro golpe, por favor. Ellas venían a mí en autos o taxis, y en cualquier lugar. Algunas de estas muchachas eran ejecutivas que hicieron cosas que luego lamentaron.

¡Qué clase de espectáculo! Gente vendiendo anillos de diamantes, televisores, estéreos, cadenas de oro y todo lo que podían encontrar para poder comprar drogas. Si usted tenía drogas, era el ganador. La cocaína en pasta y más tarde el *crack* eran los poderosos "Reyes" de la calle.

Debo confesar que hoy todavía siento algo de tristeza por todas las mujeres que se vieron atrapadas en ese torbellino. Muchas están todavía en las garras de la adicción, pero algunas pudieron escaparse sólo para encontrar que todavía eran esclavas de la vergüenza, la culpa, y el miedo. Están quebrantadas y llenas de soledad mientras llevan una enorme y pesada carga de remordimiento e inocencia perdida.

Pero hay libertad en Cristo. Él puede romper toda cadena y sanar todo dolor. Él puede limpiarnos y darnos vida nueva.

SOÑANDO CON LA PIPA

1. ¿Por qué crees que una persona persigue las drogas, el alcohol u otras sustancias en primer lugar?

2. Héctor cita la afirmación familiar, "1 es demasiado, 1000 nunca es suficiente". Por favor explica.

3. En tu vida, ¿puedes describir un momento en que abriste una puerta a un deseo que te roía y que era tan difícil de alcanzar que fue como perseguir al viento?

4. ¿Por qué fue tan difícil para Héctor liberarse de un hábito tan destructivo? ¿Te sientes esclavizado o atrapado en tus pensamientos o acciones con respecto a un hábito a pesar de que sabes que está mal? ¿Te sientes impotente para liberarte? Por favor explica.

5. ¿Estás persiguiendo al dragón?(metáfora simbólica)

6. ¿Qué te impide liberarte?

4

INTERVENCIÓN DIVINA – GLEN MILLS

Era el 1986 y para entonces yo estaba totalmente en las garras de la adicción y lucía como un zombi drogado. Mi vida estaba completamente fuera de control. Para darte una idea de cuán mal yo estaba, fui arrestado el 4 de enero, el 7 de enero, el 5 de abril y el 20 de abril por diferentes casos, además de volver a ser arrestado por órdenes de detención el 27 de febrero, el 3 de marzo y el 21 de abril de 1986.

Un día, mientras caminaba por la calle 47, empecé a conversar con un muchacho del barrio. Parecía ser un día típico en el vecindario, pero había como un silencio extraño en los alrededores... Algo siniestro estaba en el ambiente y yo no podía identificarlo, pero lo sentía.

Sin que lo supiéramos, un grupo operativo federal llamado Operación Punto de presión había sido asignado a Hell's Kitchen debido a la epidemia de drogas. Ellos andaban al acecho y un policía encubierto se nos acercó y preguntó si sabíamos quién tenía algo de crack. Yo le dije que no sabía, pero el policía le preguntó a John, el chico con quien yo conversaba. Decidí irme y caminé cuadra arriba cuando de la nada apareció un taxi lleno de policías que saltaron a la acera y me arrestaron por vender crack. Mi cabeza daba vueltas; era como otra escena sacada de las películas. Yo pensaba, "¿Qué rayos está pasando aquí? Ya tengo suficientes arrestos en mi vida y no necesito que nadie me ayude a tener más." Protesté que yo no estaba directamente involucrado. Aún así, me llevaron al Precinto 1 de Manhattan, y aunque yo era un menor, me metieron en una celda con los adultos. El lema de ellos era "Arréstalos y deja que las cortes averigüen". Olvídate de la justicia; arrestar a inocentes estaba bien.

El arresto con el grupo operativo federal me llevó a las grandes ligas. Era un caso federal, que me obligaba a ir al tribunal federal donde los riesgos eran más altos. Un día mientras esperaba mi turno ante el juez en el edificio del tribunal federal, de repente tuve el presentimiento de que me iban a encerrar ese día y me dio un ataque de pánico. Pedí ir al baño, con un plan en mi cabeza de que podía escaparme por la ventana del baño. Aunque estaba en el tribunal, yo estaba drogado y mi ansiedad estaba fuera de control. Al acercarme a la puerta del baño, entré visualizando mi ruta de escape. Me di cuenta que una vez dentro del baño, no tendría salida si saltaba por la ventana y caía en el área cercada de atrás. Paranoico y asustado, salí del baño y miré a los oficiales judiciales en el pasillo pensando que de alguna manera ellos sabían lo que yo planeaba, así que cambié mi dirección y decidí salir del edificio lo más tranquilo posible. Las voces y la presión en mi cabeza eran aplastantes. Eso es lo que el *crack* te hace.

Una vez afuera, corrí hacia la estación más cercana del tren y salté por encima del torno de entrada. Tan pronto llegué a mi barrio corrí hacia mi pipa. Ah, ¡qué alivio! Me sentí reconfortado. Las autoridades no vinieron por mí ese día. De hecho, les tomó varias semanas antes de que llegaran a mi caso, pero cuando lo hicieron, vinieron con fuerza. Enviaron varios oficiales vestidos de civil que eran parte de un grupo operativo con órdenes de arresto. Un auto se estacionó detrás del patio de mi apartamento en el primer piso de la calle 47 y otro auto se estacionó al frente. Ellos hasta pusieron a alguien en la escalera de escape, así que yo estaba completamente rodeado. Los guardias me sacaron justo frente a mi escuela superior. Yo estaba apenas vestido y me sentí humillado mientras los muchachos de la escuela y mis vecinos veían a los guardias meterme en el carro. ¿Por qué no estaba yo en la escuela? La respuesta es porque yo estaba en las garras de la negación y viviendo de una manera autodestructiva.

¿Has sentido alguna vez que tu vida no se ha realizado como la planeaste? ¿Que le estás causando mucho daño a los que te rodean y nada de lo que haces parece resultar bien? Sí, esa era mi vida. Yo estaba tomando las decisiones incorrectas. Después de cierto tiempo empecé a disgustarme conmigo mismo. Tanto que sin darme cuenta, quería causarme dolor a mí mismo y pagar por lo que estaba haciendo.

Mientras estaba sentado en el auto, me preguntaba por qué habían enviado a tantos oficiales por mí. No era como que yo fuera un traficante de gran importancia o un asesino en serie. Yo era solamente un muchacho perdido, adicto a las drogas. Miré hacia mi escuela y a algunos de mis amigos. Fue entonces cuando me di cuenta de que yo estaba solo.

Me llevaron al centro de la ciudad e inmediatamente me presentaron ante el juez para procesarme y cumplir la orden de arresto. Una vez procesado, fui transferido a la cárcel del condado en *Newburgh*, Nueva York, y de ahí a una institución para jóvenes en Pennsylvania llamada *Glen Mill Schools*.

Lo menos que pensaba es que esta fuera una oportunidad para empezar de nuevo, pero no me daba cuenta de que Dios estaba trabajando tras bastidores para ayudarme a dejar la vida de esclavitud que me tenía fuertemente atrapado. Tenía de frente una ocasión única para una segunda oportunidad. Tenía el equivalente espiritual de volver a nacer, pero no podía verlo.

El grupo operativo federal fue el mecanismo que necesitaba para llegar a *Glen Mill Schools*. En *Glen Mill* me ofrecieron la posibilidad de volver a encarrilar mi vida. Era un lugar que usaba presión de grupo positiva y un ambiente estructurado como modelo para un cambio de conducta. Había entre 200 a 300 jóvenes de todos los Estados Unidos pero sólo unos 4 o 5 de Nueva York, contándome a mí. De inmediato alcanzamos notoriedad porque los muchachos de Nueva York eran usualmente traídos por los federales, lo que significaba que teníamos serios casos de arresto. De hecho, un chico del grupo era un ladrón de bancos del Bronx. Así que para aparentar ser un peor criminal que él, me inventé una historia sobre mi arresto, y en cuestión de nada la historia había llegado a que fui detenido en un avión que venía de Colombia.

Me pregunto por qué sentimos la necesidad de mentir y adornar las cosas. ¿Te pasa eso? Probablemente se origina en el hecho de que no sabemos quiénes somos, no entendemos nuestro mayor propósito en este mundo. No tenemos ni idea de nuestra verdadera identidad y por eso inventamos una que parece genial, pero nunca somos aceptados por quien somos en realidad porque nadie conoce realmente al "verdadero yo".

Glen Mill parecía un campus universitario con una fraternidad llamada *Bulls' Club*. Teníamos un consejo de estudiantes y fui escogido como uno de sus líderes.

Estuve allí como un año y medio. Salí de *Hell's Kitchen*, las drogas, el caos, las pandillas y el crimen; y en este lugar pude volver a pensar y actuar como el muchacho que era. Obtuve mi GED y hasta comencé a jugar béisbol de nuevo. De hecho, jugaba tan bien que cuando el entrenador de un equipo de la Liga Babe Ruth de Pennsylvania me vio jugar, le preguntó a mis entrenadores si yo podía jugar en su equipo.

Mis dos entrenadores eran una fuente de gran estímulo. Ambos habían jugado en las Grandes Ligas, Joe Miller con los Astros de Houston y Al Minka con los A's de Oakland. Ellos eran empleados y entrenadores en la escuela. Me consiguieron el permiso para representar al equipo estatal siempre y cuando uno de los consejeros me acompañara a todas las prácticas y juegos.

Nuestro equipo logró ganar el campeonato de la Liga Regional Babe Ruth en Pennsylvania. De ahí nos enviaron a representar al estado de Pennsylvania a las finales regionales del noreste en *Staten Island*. Los juegos eran fenomenales, con mucho drama. En el juego final, nos enfrentamos a un equipo de Brooklyn con un grupo de muchachos hispanos. Ellos gritaban hacia nuestro equipo diciendo, "Oye, Vega, tú deberías estar en nuestro equipo." Estuvimos a un *"out"* de ganar el campeonato en *Staten Island*. Para nosotros fue una derrota devastadora y la mayoría de los jugadores lloraron mientras regresábamos a Pennsylvania.

Los entrenadores me dijeron que el momento de salir de *Glen Mill* se estaba acercando, pero que ellos podrían conseguirme una beca deportiva para que yo jugara en una escuela local de División III. Ellos me presentaron una gran oportunidad, una posibilidad de continuar mi educación secundaria como estudiante de último año y seguir jugando béisbol. Parecía un plan fabuloso. Desgraciadamente, el diablo también tenía un plan.

Parte del proceso de reintegrarnos a la vida familiar incluía un pase de fin de semana de vez en cuando. Así que un fin de semana recibí un pase y regresé a la ciudad de Nueva York. Tan pronto como llegué a Manhattan comencé a experimentar el fuerte deseo de estar en la calle, ver a los viejos amigos, los viejos escondites, y por supuesto, el ambiente de drogas era parte de todo ello. De lo que no me di cuenta en ese momento fue que para poder seguir el camino correcto yo tenía que cambiar las decisiones que estaba tomando respecto a las personas, los lugares y las cosas de las que yo solía rodearme.

Después de un año de estar fuera de casa, me parecía que las calles eran todavía más duras, pero no dejé que eso me detuviera. Empecé a buscar drogas tan pronto pisé las calles. Me lancé otra vez al consumo desenfrenado de *crack* y probablemente dormí sólo dos horas durante todo ese fin de semana.

La noche del sábado después de haber regresado a casa, yo estaba parado frente a una tienda de la calle 47 oeste y la avenida 9 y sucedió que me encontré con mis padres. De tan solo mirarme una vez, ellos sabían que yo estaba drogado. Pude sentir el dolor en el corazón de mi madre.

Permanecí allí parado, intranquilo, incapaz de mirar a mis padres a los ojos. Me sentí como un gran fracaso, un total perdedor. Lo único que pude murmurar fue, "No se preocupen, regreso mañana". Creo que ni me respondieron. Yo sabía que ellos habían estado anhelando que yo fuera finalmente libre de toda droga, caos y descontrol. Yo anhelaba eso también. Desafortunadamente, todos estábamos equivocados.

Regresé a *Glen Mill* y durante la práctica me llamaron para que fuera directamente a la oficina de mi entrenador. Me vio la cara demacrada y las mejillas hundidas, y se quedó boquiabierto. "¿Qué rayos te ha pasado?", ladró. "¿Cómo es posible que hayas perdido tanto peso en tan sólo dos días? ¿Qué estabas haciendo? ¡Pareces como si no hubieras dormido desde la última vez que te vi!"

Cuando no le contesté, se paró y me gritó en la cara, "Tú y yo sabemos en lo que andabas. Mira, Héctor, tienes que tomar una decisión, y tienes que hacerlo ahora. O te quedas aquí, recibes una educación, juegas béisbol y haces algo de ti mismo, o puedes regresar a la ciudad y morirte. Si regresas allá, puede ser el final de todo lo que has logrado." El problema con drogarse después de haber estado sobrio es que te trae de vuelta al principio. Has cruzado la línea y las drogas juegan con tu mente. Tu adicción toma el control.

Cuando llegó el momento de dejar el programa de *Glen Mill*, yo ya no estaba enfocado en el béisbol o en un deseo de hacer algo más con mi vida. Lo único que me importaba era volver a las calles. De alguna manera pensaba que sería diferente. Me decía a mí mismo que yo podía ganarle a esto. Me mentía a mí mismo. Cada argumento en mi cabeza era justificado con otro argumento. Sin importar cuánto éxito o cuánta distancia haya transcurrido desde ese error, en retrospectiva, esa fue una de esas decisiones que siempre lamentaré.

La mentalidad de un drogadicto es que tú quieres hacer lo mismo una y otra vez, aún esperando un resultado diferente. Por eso es que se le llama locura. Yo tenía el éxito a mi alcance en *Glen Mill*, ¿cómo podía escoger el regresar a las calles? Mi decisión había sido provocada por un sólo fin de semana de drogas. Eso fue todo lo que necesité para verme arrastrado nuevamente por las garras del deseo de volver a mi viejo estilo de vida. Tomé la decisión más estúpida e irresponsable de mi vida, a pesar de todo lo que había logrado y de tener a mis entrenadores tratando de convencerme de que me quedara como estudiante, ya que me faltaba poco para terminar la secundaria. Terminé mi tiempo en *Glen Mill* y fui puesto en libertad el 2 de noviembre de 1987. Tan pronto como llegué a mi territorio, durante los días de fiesta, ese deseo ardiente comenzó a aumentar.

Verdaderamente traté de mantenerme limpio, pero me estaba engañando a mí mismo. Yo era un esclavo llevado por un amo cruel. ¡Aquí vamos otra vez!

Funcioné a medias por un par de meses, pero a principios de 1988 ya estaba de lleno en mi mundo de las drogas, lo que me llevó a cuatro nuevos arrestos (11 de enero, 12 de enero, 4 de febrero y 7 de febrero) ¡Increíble! ¿En realidad extrañaba yo tanto la cárcel? ¿O realmente quería estar en libertad?

De pronto *Glen Mill* parecía ser una mejor alternativa, y ahora yo estaba dispuesto a regresar para terminar mis estudios de secundaria, pero no me aceptaron, y el tribunal se rehusó a enviarme ya que no había resultado bien la primera vez. Vi la estupidez y el error de mis acciones.

Continué rogándole a las autoridades que me enviaran otra vez a *Glen Mill*, pero ya era tarde. La cucaracha es libre. Y ¿qué de mí?

El 30 de marzo, fui arrestado de nuevo y en mayo de 1988 me declaré culpable y recibí una sentencia de un año de cárcel que cumpliría en *Rikers Island*. ¡No podía creer que estuviera otra vez dentro de una celda!

Una noche, una cucaracha entró a mi celda e inmediatamente recordé una historia de un hombre que estaba atrapado en un círculo vicioso de drogas y prisión. El oía continuamente que debía cambiar de gente, los lugares y las cosas. Un día decidió cambiar su ambiente y lo logró por un corto tiempo, pero el problema era que había cambiado su entorno, pero no su manera de pensar y actuar. Empezó a ceder un poco aquí y allá, y antes de darse cuenta de lo que estaba pasando, se encontró de vuelta en prisión. Él había jurado que no volvería y sin embargo aquí estaba de vuelta. Una noche, mientras consideraba su situación, una cucaracha comenzó a entrar a su celda por debajo de la puerta. La luz brillaba en la habitación y parecía enfocarse en la cucaracha como un proyector. ¡La cucaracha avanzó unos pasos dentro de la celda y parecía que lo miraba directamente! De repente, la cucaracha se dio media vuelta y salió de la celda. ¡Ahí mismo se dio cuenta! Él era un hombre creado a la imagen y semejanza de Dios, destinado para ser libre y estaba atrapado en una celda. La insignificante cucaracha era libre de ir y venir como quisiera, pero él no.

Durante ese tiempo en *Rikers Island* comencé a escuchar a varios hablar de Jesús y de cómo Él podía cambiar la vida de una persona. Me apena decir que no le di mucha importancia en ese entonces. En cambio, yo cumpliría mi condena de un año, y volvería a probar la libertad a finales de 1988.

INTERVENCIÓN DIVINA, GLEN MILLS

1. Las decisiones de Héctor lo llevaron a un estilo de vida destructivo que requirió una intervención. El sistema de justicia penal intentó intervenir con el programa *Glen Mills*, que era una alternativa desconocida para el encarcelamiento de Héctor. ¿Puedes identificar un momento en tu vida, aunque incierto, en el que se te dio la oportunidad de escapar de patrones destructivos? ¿Cuál fue el resultado?

2. Aunque Héctor completó el programa con éxito, ¿por qué crees que regresó a la calle y su estilo de vida destructivo?

3. Aunque no parece que los objetivos del programa *Glen Mills* se hayan cumplido en la vida de Héctor, ¿qué beneficios recibió al completar el programa?

5

EL ATAJO (¡180 DÍAS Y DESPIERTA!)

Como la repetición de una mala película... El 3 de enero y el 18 de febrero de 1989, fui arrestado dos veces más con dos cargos por narcotráfico.

La cárcel era como mi casa de vacaciones, aunque, a diferencia de otros, parecía que a mí me gustaba quedarme en ella más de una semana a la vez. Para este entonces, los guardias de la prisión no necesitaban asignarme un número de presidiario. Ya me conocían por mi nombre.

El fiscal me ofreció un acuerdo de culpabilidad con condena de 2.5 a 5 años y la acepté inmediatamente. ¿Por qué continuaba recibiendo oportunidades para salir en menos tiempo?

¿Querría alguien que yo fuera libre?

Como yo no era un preso de alto riesgo, me enviaron a una prisión de segundo grado. Me ofrecieron una oportunidad de participar en un programa militar que era popular en el sistema penitenciario en ese entonces porque las cárceles estaban sobrepobladas y ellos buscaban la manera de regresar a criminales no violentos a las calles. Crearon un programa al estilo militar que era dirigido por oficiales penitenciarios que tenían un historial militar o habían tomado un corto entrenamiento militar para manejar a los prisioneros.

El programa que me ofrecieron se llamaba el "Programa de choque".

Me dijeron que, si sobrevivía la humillación, las burlas y la disciplina por las que los oficiales penitenciarios me harían pasar, yo podría regresar a casa en ciento ochenta días. ¿Seis meses en vez de dos años y medio? ¿Qué haría cualquier persona en mi situación? No era un mal negocio desde mi punto de vista. Decidí tomarme el riesgo y completar el programa. Era el camino más rápido a casa.

No pasó mucho tiempo para entender por qué se llamaba el "Programa de choque".

Cuando llegué, había un poco más de cincuenta presos, pero después de las primeras semanas se dieron de baja un poco más de diez... y seguían cayendo como moscas.

Nos levantábamos al amanecer para salir al clima inclemente, frío del norte del estado de Nueva York (en nuestras sudaderas ligeras) para correr y hacer ejercicios. Aprendí a vivir en bloques de seis minutos. Cada mañana teníamos seis minutos para levantarnos, ducharnos, vestirnos, usar el baño, hacer nuestra cama y salir. Teníamos recesos de seis minutos en los que teníamos que sentarnos sin hacer ningún tipo de ruido. Nos reunían en el estacionamiento del personal y nos entrenaban una y otra vez en rigurosos ejercicios militares. Ni siquiera la cafetería nos ofrecía un respiro. Solo teníamos seis minutos para desayunar, almorzar y cenar. Teníamos que permanecer de pie en atención y permanecer callados mientras esperábamos en fila india. Cuando era mi turno para pedir mi comida, yo tenía que indicar lo que quería comer sin decir una sola palabra, solo señalando con mis manos. Antes de poder tragar un sólo bocado, teníamos que esperar en silencio a la mesa hasta que el sargento instructor diera la señal de sentarnos y comer. Y teníamos que comernos todo el plato, nos gustara o no. Si no te comías toda tu comida, los sargentos te metían la comida en tus bolsillos, dentro de tu camisa, en tu ropa interior, o donde les diera la gana. Aprendí a pedir sólo lo que quería comer.

Nuestros cuartos tenían que estar listos para la inspección en todo momento. Todas las camas tenían que estar hechas a la perfección; todos los zapatos brillantes y alineados perfectamente debajo de la cama; todas las camisas tenían que estar colocadas en perfecto orden en el casillero, con dos dedos de separación. Nos permitían sólo seis pares de medias que tenían que estar enrolladas de manera específica, y nuestros pantalones tenían que estar nítidamente planchados con un pliegue marcado. ¡Todo tenía que estar perfecto!

El "Programa de choque" era todo sobre disciplina y repetición. Teníamos que ser puntuales en todo. Todo tenía un límite de tiempo para hacerse. Hasta el Programa de tratamiento de abuso de sustancias tenía un límite de tiempo diario. Teníamos que aprender a memorizarnos y repetir las ordenes generales. Cada miembro de un pelotón–tu equipo–tenía que trabajar en conjunto para aprenderse todas las reglas, los reglamentos y ser responsables los unos por los otros.

El servicio comunitario era una gran parte del "Programa de choque" también. Nos llevaban a pueblos (predominantemente) blancos a limpiar parques y recoger basura a los lados de las carreteras en el frío extremo. Nos pedían que limpiáramos áreas llenas de troncos grandes sin la maquinaria adecuada. Comíamos en el frío – a veces perros calientes, mientras la nieve caía. Era un tiempo amargo y yo lo odiaba, pero me mantenía diciéndome que eran 6 meses y podría salir. ¡Podía hacer cualquier cosa por 6 meses!

Me mantuve firme y al tiempo me hicieron jefe de una cuadrilla, lo que eventualmente me llevó a ser el líder del pelotón de mi grupo entero. Para el final del programa, unos veintiocho chicos nos graduamos de un total de más de cincuenta.

Aprendí mucho sobre mí mismo en el "Programa de choque", y hasta me di cuenta que tenía algunas habilidades de liderazgo. El programa de adicción estaba diseñado como el de los "Doce pasos de alcohólicos anónimos". Fui a estos grupos y aprendí sobre las drogas y lo que éstas le hacen a nuestros cerebros.

El programa militar tenía una agenda. Parecía que su misión era quebrantarnos para que nos rindiéramos. Hacían cosas como el famoso "Ejercicio de las cabezas huecas", donde nos sacaban al medio del terreno, justo después de almuerzo, de manera que todos los demás pelotones pudieran vernos. Nos hacían subir la colina montones de veces, sentadillas y lagartijas; dos horas de calistenia antes de llevarnos a un área fangosa por donde nos hacían arrastrarnos. Entonces, como para añadirle insulto al agravio, teníamos que hacer la carrera del capitán (cinco millas, tan rápido como pudiéramos). No importaba cuán duro corrieras, si te detenías durante uno de los ejercicios, te decían que continuaras o te sacaban del programa ¡y te enviaban de vuelta a prisión!

¡No me di por vencido! De hecho, yo estaba sorprendido de que era mentalmente capaz de manejar la estructura y disciplina de este programa, especialmente considerando la vida indisciplinada que yo había vivido. Sobresalí dentro de la estructura y disfruté el programa de estilo militar. También aprendí cómo el abuso de sustancias afectaba mi estado de ánimo, mi vida y mi familia. Después de aprender todo esto, tomé una decisión en mi corazón de no permitir a los oficiales que me quebraran, a las drogas que me destruyeran, o a la sociedad que me pusiera una etiqueta. Me dije a mí mismo que no iba a usar drogas otra vez. De alguna manera, Dios estaba usando este lugar para fortalecer mi carácter.

Sin embargo, todavía tenía que conprobarme a mí mismo que no volvería a usar drogas otra vez en las calles, donde realmente contaba. Una nueva adicción

Al principio, cuando salí del Programa de choque, me mantuve sobrio. Empecé a asistir a las reuniones de NA y me mudé al norte del estado, a Syracuse, Nueva York, para cambiar mi ritmo de vida. Sentí que no podría sobrevivir en mi antiguo barrio, pero tan pronto llegué a Syracuse comencé a volverme loco del aburrimiento. Encontraba a la ciudad deprimente y miserable.

Aunque no empecé a usar drogas, comencé a sentirme inquieto. Decidí regresar a la ciudad de Nueva York y no usé drogas por los siguientes dos años y algo más. Hacía diferentes trabajos en los muelles de Chelsea y en el Centro *Jacob Javits*. Lo que dejé de hacer, sin embargo, fue un problema. Dejé de asistir a las reuniones de la NA y AA. Ya no tenía un patrocinador ni un sistema de apoyo que me llamara a cuentas. Aún cuando trataba de mantenerme en línea, de alguna manera sabía que era sólo cuestión de tiempo. Era como si algo me estuviera persiguiendo y yo iba corriendo asustado. Muy dentro de mí, creía que no llegaría muy lejos o que no podría tener éxito. No me di cuenta de que cambiar mi ambiente no significaba que los deseos de mi corazón cambiarían. Seguía siendo Nico, y todavía estaba a sólo un mal día de caer otra vez en el abismo.

Inicialmente encontré un reemplazo para mi adicción a las drogas. Mi nueva "droga preferida" era salir a tomar unos tragos en el mundo de los clubes. Fui a todos los clubes más conocidos: *Roseland, Latin Quarters, Bedrocks, The Palladium,* y *Roxy's*. Enfoqué mi energía en ir tras las mujeres. Sentía como que vivía una vida normal–al menos normal en comparación a lo que yo había estado haciendo en los últimos años. Sabía que había una línea invisible que no debía cruzar, y que si lo hacía me perdería. Así que seguí yendo a los clubes… Seguí bebiendo unos pocos tragos… Esta fue mi nueva adicción.

Yo parecía ser un tipo popular en los clubes debido a mi personalidad sociable y de vez en cuando tenía éxito con alguna dama. Esto me dio un sentido de autoestima que nunca había tenido con las drogas. En el fondo, mi vida aún era un desastre. No tenía un trabajo permanente, y emocionalmente todavía era joven. Ni hablar del hecho de que aún yo no había afrontado las raíces de mi adicción o mi pecado, si vamos al caso. Ignoraba el profundo anhelo que había en mi corazón. Continuaba buscando algo nuevo que lo llenara. Nunca enfrenté los sentimientos de culpa que llevaba dentro de mí por todo el dolor que había causado, además del dolor que yo sufría. Muchos de nosotros nunca hablamos o lidiamos con el dolor interior, así que tratamos de auto medicarnos y callar esa voz interior.

Nada parecía llenar el vacío que estaba muy dentro de mí–ni siquiera las noches con bellas mujeres discipaban ese sentimiento persistente a la mañana siguiente. *Entonces conocí a alguien que cambió la trayectoria de mi vida.*

EL ATAJO (¡180 DÍAS Y DESPIERTA!)

1. ¿Te has encontrado con atajos u ofertas? ¿Cuáles fueron algunos de los pros y los contras de los atajos o las ofertas? Por favor explica cualquier experiencia buena o mala que has tenido.

2. ¿Qué lecciones aprendió Héctor en el Programa de choque que contribuyó a su eventual libertad?

3. ¿Qué hicieron la escena del club y las mujeres por Héctor? ¿Cómo le impactó este estilo de vida?

4. ¿Héctor, abordó o evitó los problemas subyacentes que estaban causando su abuso de sustancias? Por favor explica.

6

MICHELLE

De alguna manera sentí que ella era diferente a las otras chicas. Ella tenía estilo, gracia... y era hermosa.

Su nombre era Michelle. Un día llegó a mi barrio con algunos de sus amigos. Michelle sobresalía. Se vestía diferente a las otras muchachas – botas de vaquero y *jeans* cortos. Había un especial estilo en ella que yo no había visto en ninguna otra del barrio. No podía quitarle los ojos. Le dije a mis amigos Víctor, Wilson y Dazzy, que yo estaba interesado en ella. Evidentemente, ellos conocían a Michelle porque me dijeron, "Olvídate, no tienes la menor oportunidad con ella– tú no eres su tipo, ella es una muchacha de iglesia." Hice una apuesta amistosa con ellos y les dije que iba a perseguirla y a tener éxito. Pero no me había dado cuenta cuán diferente esta muchacha iba a resultar.

Michelle pasó mucho tiempo haciéndose la difícil; y aunque al principio no me acerqué agresivamente a ella, sí traté de llamar su atención. Inicialmente, Michelle no me prestaba atención. Supe más tarde que ella sabía mucho más de lo que yo me imaginaba. Ella había oído todo sobre el muchacho que estaba en las drogas, que robaba y siempre caía preso. Michelle tenía 17 años y yo 20, y ella no le interesaba mi drama.

Una noche la vi en un club llamado *Bedrock's*, en la calle 49. En una movida audaz, agarré su mano y la traje a sentarnos en una mesa para conversar. Nuestra conversación duró bastante y finalmente la convencí para que saliera conmigo. Michelle tenía una amiga que estaba saliendo con uno de mis amigos, y ella me reveló que yo le gustaba a Michelle pero ella no pasaría de ahí. No había duda alguna que Michelle era un reto para mí, pero eso me gustaba. Según nos fuimos conociendo me enteré que ella trabajaba como instructora de aeróbicos en *Living Well Lady*.

Empecé a enviarle regalitos y baratijas para hacerle saber que yo todavía estaba interesado en ella. A veces le pedía a mi hermanito menor que le llevara ositos de peluche. Por otro lado, Michelle se mantenía jugando a la evasiva conmigo. Parecía que ella no estaba tan interesada en mí como yo en ella. Un día se me acercó y me dijo que quería hacerme saber que yo podía salir con otras personas. Y dije, "Si así es como lo quieres, eso haré."

Al día siguiente Michelle venía paseando por el barrio y de casualidad me vio conversando con una rubia que no era del barrio. Trató de hacerse la que no me había visto, pero yo la estaba vigilando, aunque actuaba como si no la hubiera visto. Michelle me lanzó una mirada hasta que nuestros ojos se encontraron. Se me acercó y me preguntó si podíamos hablar un minuto. Me excusé con la muchacha y empecé a caminar con Michelle. Ella empezó a cuestionarme enojada con un lenguaje no muy bonito. Yo le dije, "oh, ella es sólo una amiga"

("amiga" era un término muy popular y ambiguo en aquella época que significaba que podría o no podría haber algo más). Empecé a reírme porque ella estaba furiosa y le contesté que yo estaba viendo a otras personas como ella me había pedido. Pero Michelle me cambió la definición de 'ver a otras personas'. Me dijo que "ver a otras personas" significaba fuera del barrio no en *Hell's Kitchen*. Vaya, ¡eso sí me hizo parpadear! Nunca recibí el memo que clarificara aquello.

Otro tipo de droga – Callando la voz del remordimiento Mientras yo trataba de bajar la intensidad de mis esfuerzos por conquistar el corazón de Michelle, también estaba tratando todo lo posible por mantenerme alejado del *crack*. Pero uno de mis amigos me habló de su afición a la heroína y me animó a que la probara. Me aseguró que la heroína era mucho más fácil de conseguir y no se necesitaba usar mucha para alcanzar el sentimiento de euforia que el *crack* o la cocaína en pasta daba. Yo había sido principalmente un adicto al *crack*, pero estaba aterrorizado de usar esas drogas después de todo lo que había sufrido. Aunque odiaba mucho admitirlo, extrañaba la sensación de estar drogado.

Yo había estado vendiendo heroína por bastante tiempo. Encontraba a numerosas personas que se habían inyectado la droga en sus venas, pero eso nunca me atrajo. De hecho, mi primer encuentro con usar heroína había sido en casa de mi familia en la calle 47. Mi padre tenía un viejo tocadiscos estéreo con un disco LP en el plato. En ese plato había una enorme montaña de un polvo color crema. Era heroína en el proceso de ampliarse para aumentar su volumen. Decidí esnifar un poco para ver qué se sentía. Un enorme error. Mi tía Lisa me encontró vomitando en el piso al lado del inodoro. Después de aquella experiencia nunca me sentí atraído hacia ella.

Y aquí estaba yo ahora, muchos años después, oyendo a mi amigo exaltando las virtudes de la heroína. Él también me mencionó que la heroína era notoria por ayudar a uno sexualmente. Así que decidí probarla en pequeña escala, media bolsita, y me gustó. Encontré que no necesitaba tanta de ella para sentirme bien, así que no tenía que robar o engañar a nadie para conseguirla. Me sentía en el tope del mundo cuando usaba heroína. Lo que yo no sabía era que estaba empezando a desarrollar una dependencia física. Sólo una semana después de probarla por primera vez, mi cuerpo comenzó a ansiarla. Cuando no la usaba, empezaba a sentirme mal – me sentía nauseabundo, débil y tembloroso. Descubrí que la heroína me trajo el mismo tipo de problema que el *crack* – sólo con un disfraz diferente.

Ya que las cosas no estaban funcionando bien con Michelle, decidí mudarme de nuevo a Syracuse y quedarme en casa de mi abuela para tratar de mantenerme alejado de este nuevo deseo. Y también comencé a salir con otra chica. Aunque ella me gustaba mucho (y a mi abuela también), yo no podía evitar de pensar continuamente en Michelle.

Un día, mientras visitaba la ciudad, empecé un altercado de miradas desafiantes con un muchacho del barrio. Él era mucho más grande que yo, lo que me preocupaba, pero no podía perder mi honor en el barrio. En lo que pareció una fracción de segundos, ambos estábamos en el centro de la cancha de baloncesto mientras todos los demás nos rodeaban. Yo ya estaba algo borracho y nervioso por su tamaño, pero ya era tarde – no había manera de escaparme con dignidad del lío. Lo miré y decidí golpearlo con la botella de vodka que tenía escondida en una bolsa negra en mi mano. En cuestión de segundos, y antes de que él se diera cuenta de lo que estaba pasando, él estaba tirado en el suelo. La pura fuerza y el grosor de la botella de vodka le rompieron el hueso del pómulo. Los rumores en el barrio eran que el tipo necesitó una cirugía mayor y que estaba furioso buscándome después que salió del hospital. Supuestamente él estaba planeando traer a algunos muchachos de Washington Heights para atraparme, así que yo necesitaba cuidarme las espaldas. Y me dije a mí mismo que lo iba a atacar a él antes de que él me atacara a mí.

Un par de meses después yo caminaba con algunos de mis amigos. Lo vi con sus amigos, pero él no me vio a mí. El código en la calle era "golpea rápido y haz que cuente", así que corrí detrás de él y le caí encima. Esta vez, yo tenía una pequeña botella de cerveza en la mano y lo golpeé con ella antes de que él pudiera golpearme. En segundos oí unas sirenas de policías y todos empezamos a correr por la avenida en diferentes direcciones. Yo, como si fuera un imán, atraje la atención de los detectives y, por supuesto me atraparon. Me arrestaron porque les dijeron a los policías que yo había tratado de robarle, lo que era rotundamente falso.

Mientras tanto, Michelle había regresado a Nueva York y empezamos a hablar por teléfono otra vez. Cuando ella oyó de mi arresto, vino a visitarme. Después de que me soltaran, regresé a Syracuse, y con el tiempo, Michelle y yo rompimos las pretensiones y nuestra relación se volvió íntima.

Nuestra relación progresó, pero se salió de control muy rápido porque yo jugueteaba con la droga a escondidas de ella. Cuando yo estaba en la ciudad, Michelle le mentía a su padre y le decía que iba a pasear al perro para poder verme. Ella había sido criada en un ambiente estrictamente pentecostal, pero se sentía atraída a la "vida de la calle" y le gustaba la emoción de estar al lado mío; sin embargo, ella no tenía idea sobre mi reciente atracción a la heroína.

Traté sin éxito de reducir mi consumo de heroína, pero empecé a pensar en regresar al *crack* otra vez. Mientras tanto continuaba viendo a Michelle. Cerca de un año después de haber empezado nuestra relación formal, decidimos hacer un viaje a Cancún, México. Michelle pensaba que irnos y hablar sobre algunos asuntos de nuestra relación – como mis continuas desapariciones – nos ayudaría. Ella tenía sospechas que quizás yo había empezado a ver a otra mujer a sus espaldas.

No sabía que la única que yo había estado viendo era a la Señora Heroína. Pero para salvar nuestra relación accedí a ir a México con ella. Decidí llevar ilegalmente algo de *crack* en el avión y cometí el error de esnifar un poco durante el vuelo. De repente, me encontré con un ataque frontal de paranoia y desesperado por más *crack* durante nuestras vacaciones en México.

Consumí todo el *crack* que tenía; y lo peor de todo era que no podía conseguir más drogas allí mismo. Yo no conocía a nadie en México para poder ir a conseguir mi próxima dosis. De inmediato me dio síndrome de abstinencia – una sensación de ansiedad, paranoia y psicosis. Sentía desesperación por obtener drogas lo más rápido posible, así que estaba loco por regresar a los Estados Unidos. Yo sabía que podía conseguir algo de *crack* allí. Michelle y yo tuvimos una gran pelea porque ella no tenía idea de lo que sucedía y mientras tanto yo estaba tratando de cambiar nuestro vuelo para regresar a casa. Yo estaba literalmente preparado a abandonarla en México. Todo lo que ella sabía es que yo estaba actuando como un loco y yo seguía diciéndole que estaba enfermo y que la dejaría sola en México si ella no regresaba conmigo a Estados Unidos de inmediato.

Fuera de mis sentidos, aguanté por un par de horas y en efecto me dormí. Esperé hasta que pudiéramos regresar. Tan pronto aterrizamos en *JFK*, tomamos un taxi hasta su casa. Mi mente corría en el taxi, estaba ansioso y las palmas de mis manos sudaban. Ya casi podía saborear las drogas que tanto ansiaba. El viaje pareció ser el más largo de mi vida. La dejé en casa de su padre, y tan pronto ella entró por la puerta, solté el equipaje y salí corriendo al apartamento de mi amigo sin mirar atrás. Nuevamente me encontraba en las garras de la autodestrucción.

Un nuevo acontecimiento. En medio de este caos, me enteré que Michelle estaba embarazada con mi primer hijo, Nicolás. A fines de 1992, Michelle, que estaba en el tercer o cuarto mes de su embarazo, andaba siempre buscándome por las calles de Manhattan porque yo siempre estaba desaparecido. Me escondía en las casas de *crack* y heroína del barrio. Ella me buscaba y le rogaba a mis padres que le dieran información. Y aunque mis padres estaban distanciados de mí, ellos nunca le dieron a Michelle información cuando venía buscándome. Mi madre estaba hecha un manojo de nervios y no podía ser de ayuda, y mi padre estaba en un programa de metadona. Él no quería saber nada de mí ni me quería en la casa porque yo estaba robando otra vez.

Michelle se quedó sola para lidiar con su embarazo y con su padre, quien le había advertido que yo era una mala noticia. Para este entonces, Michelle, que nunca había estado expuesta al estilo de vida de las drogas, empezó a comprender que yo estaba atado a esta adicción. Cuando ella me confrontaba, yo le daba las mejores excusas que se me ocurrían, pero todas las señales apuntaban a mi adicción. Yo le había estado mintiendo, apartándola de mí y escondiéndome de ella. Muchas de esas escondidas se debían a la culpa que yo sentía y a mi deseo de que ella no me viera en la condición en que estaba. Yo caminaba como un zombi – extremadamente delgado y desaliñado.

Michelle comenzó a investigar y a preguntar sobre las drogas para llegar a entender mi situación. Ella comprendió que para entonces yo ya era un adicto y que venía de una familia de personas que luchaban con la adicción. Esto era abrumador para Michelle. No tenía idea de cómo manejar todo eso. Se sentía herida por la manera en que yo la trataba y rechazaba, y se sentía herida por el silencio de mi familia hacia ella. Todo esto mientras que el día de la llegada del bebé se acercaba.

Increíblemente, con todo el drama y toda la tensión, Michelle siguió tratando de comprender lo que nos pasaba a mi familia y a mí. Ella me hablaba por horas, tratando de convencerme de que entrara a un programa de rehabilitación de drogas en la ciudad. En varias ocasiones, ella me llevó a una facilidad de rehabilitación y mientras esperábamos por mi turno para firmar mi ingreso, yo cambiaba de idea y me escapaba por una ventana del baño, dejándola allí. ¡Le hice esto incontables veces! Mirando atrás, sé que fue la gracia de Dios la que la mantuvo firme. De algún modo, Michelle nunca se dio por vencida, por más que hubiera querido hacerlo. Cuando le preguntaron por qué se mantuvo a mi lado, ella explicaba que quería ayudarme, pero más aún, quería que su hijo, todavía sin nacer, tuviera un padre en su vida. Muy adentro, Michelle sabía que me amaba y sabía que yo tenía el potencial para hacer algo grande en la vida.

Sin embargo, para cuando Michelle tenía alrededor de seis meses de embarazo, ya estaba al borde de irse y no mirar atrás. Después supe que ella había comenzado a visitar la Iglesia *Times Square*, una iglesia cristiana sin-denominación en el Distrito teatral de Broadway, en la esquina de la calle 51 y la avenida Broadway. Ella la visitaba con su hermana Elsie, con quien yo tenía una relación fría. Elsie se enteró de mi caso y del embarazo de Michelle y empezó a orar por nosotros. Ella formaba parte de un grupo musical hispano dentro del coro en la Iglesia *Times Square*, así que todos comenzaron a orar por mí también. Parecía que sus oraciones eran avivadas por el cielo mismo; estaban comprometidos a interceder por mí. Se unieron en fe y en oración para que Dios hiciera un milagro puesto que Él era el único que podía intervenir y cambiar la situación.

Michelle también comenzó a orarle a Dios, preguntándole si Él era real, si era el Dios de su padre, un hombre de Dios y de fe a quien ella admiraba. Ella conocía el vocabulario cristiano que se usaba en la iglesia de su padre, pero el Dios de la Biblia todavía no era real para ella. Le rogó a Dios que, si Él era real, que hiciera algo para que yo pudiera estar presente para ella y nuestro hijo. Y aunque ella oraba fervientemente por mí, Michelle estaba en un momento de su vida donde ella también estaba quebrantada, y ¡necesitaba a Dios tanto como yo! Sin que esto fuera sorpresa, ella comenzó a perder sus sentimientos románticos por mí. Aunque quería dejarme, se mantuvo ahí.

La gota que colmó la copa ocurrió cuando falté al nacimiento de mi hijo, mi primogénito Nicolás. Michelle me amenazó con dejarme para siempre e irse con nuestro hijo a vivir a Nueva Jersey. Le rogué que se quedara. El cuñado de Michelle había oído testimonios de personas que habían sido liberadas de la adicción a las drogas a través de un programa cristiano llamado Génesis. El programa estaba localizado en Newark, New Jersey. Michelle me dio un ultimátum – o me matriculaba en el programa de rehabilitación o me dejaba para siempre. Yo me preguntaba quién en este mundo va a Newark a encarrilar su vida. ¡Todo lo que yo oía la mayor parte del tiempo era que la gente trataba de irse de Newark!

Eventualmente, Michelle y su cuñado me convencieron de intentarlo. Michelle resultó ser un ángel disfrazada. De hecho, ella resultó ser el instrumento usado por Dios para llevarme a Él.

Hicieron arreglos para mi ingreso a través de la directora, una encantadora mujer cristiana con el nombre de Theresa. Michelle me dijo cuándo y en dónde debía presentarme. Ya ella había decidido que, si yo no me aparecía, terminaríamos.

Pero en esa ocasión, inexplicablemente me presenté y cumplí mi palabra. Michelle no creía que yo lo haría, pero Dios se aseguró que yo entrara al programa. Mirando hacia atrás a todo esto, creo que Dios estaba trabajando misteriosamente tras bastidores a través de todas las circunstancias y toda la gente que me rodeaba, para liberarme.

MICHELLE

1. ¿Cómo la relación de Héctor con Michelle impactó su vida?

2. Héctor siguió cayendo en ciclos viciosos, pero Michelle nunca lo dejó. ¿Hay personas en tu vida que han luchado constantemente por ti sin rendirse? Por favor explica.

3. A pesar del ciclo destructivo de Héctor, ¿cómo perseveró Michelle? ¿Lo hizo sola o tuvo apoyo?

4. Mirando hacia atrás, ¿has reconocido o expresado tu agradecimiento a las personas que han luchado por ti? ¿Estás luchando por alguien? Explica.

5. ¿Cuáles fueron algunas de las cosas que sucedieron en la vida de Héctor y cómo las usó Dios para bien?

7

DIOS, SI ERES REAL, DETENME

La primera noche, después de llegar a Génesis parece como una niebla. Tan pronto llegué, empecé a sentir la punzada de heroína que precede a los síntomas de abstinencia. La punzada es cuando tu cuerpo comienza a sentir como un sudor frío, un escalofrío, casi como el comienzo de un catarro o una gripe. Te pones un poco lento y te das cuenta de que tu cuerpo está sin fuerzas (ansiando más drogas). Les dije que necesitaría un hospital para desintoxicarme. Ellos me retaron a que les permitiera orar por mí y si aún necesitaba desintoxicación lo discutiríamos en la mañana. Dormí como un bebé esa noche y me desperté al día siguiente sin las señales típicas de abstinencia. Todo era algo extraño – yo estaba cansado y con hambre, pero los temblores y dolores usuales que acompañan a la abstinencia de la heroína no estaban ahí.

¿Qué rayos estaba pasando? Génesis era un lugar muy especial. Era una casa pequeña en una sección pobre del norte de Newark. No tenía glamor ni fanfarria, pero ellos sabían todo acerca del poder de Dios para rescatar a las personas de sus adicciones. Allí había un montón de hombres buscando liberarse de sus adicciones. El enfoque era sencillo: Aprendíamos sobre la Palabra de Dios y aprendíamos lo que significaba caminar con Dios. Orábamos y le pedíamos a Dios que nos tocara. No recuerdo todo lo sucedido en las primeras dos semanas porque había mucho sucediendo en mi cuerpo y en mi mente según yo me ajustaba a estar sobrio otra vez. Algo en particular que sí recuerdo es que salimos a una cruzada en la calle. Un señor, de nombre Héctor Delacruz, de quien me dijeron había sido un drogadicto por dieciocho años, estaba siendo usado por Dios para realizar sanidades milagrosas.

Una noche, durante una de las cruzadas, Héctor saltó de la tarima diciéndole a una mujer en una silla de ruedas que esa era su noche – Dios la iba a sanar. Le habló a ella en el nombre de Jesús para que se levantara de la silla de ruedas; entonces puso sus manos sobre ella, oró y la ayudó a levantarse. Uno podía ver que esta mujer no estaba acostumbrada a caminar. Ella trató de mover sus pies y piernas y temblaba mientras se paraba. Pero el público se volvió loco alabando a Dios cuando ella comenzó a caminar. Yo no podía creerlo – estaba un poco escéptico a lo que acababa de ver, pero era algo real. Esto no era algo a lo que yo estuviera acostumbrado o que hubiera creído que podía pasar. Ver a Dios realizar un milagro a través de un hombre que había sido un adicto por largo tiempo, tuvo un gran impacto en mí. Me obligó a maravillarme del poder de Dios, Su amor, y Su misericordia.

Un día, estando en la capilla, Teresa, una de las directoras de Génesis a la que yo consideraba mi madre espiritual, hizo un llamado desde el altar para que las personas rindieran las riendas de sus vidas a Jesús, a que le entregaran el control de sus vidas, y a que pidieran perdón por todos los males que habían cometido. Yo respondí; y mientras ella comenzaba a orar por mí, quedé súbitamente atrapado en el momento. Me sentí ligero y caí de espaldas mientras otros me depositaban en el suelo. Yo estaba consciente y podía oír las oraciones y las alabanzas que se efectuaban en la capilla. Quería ponerme de pie, pero sentía como si alguien o algo me mantuviera acostado. Una gran paz me inundó y yo podía ver los cielos azules y las nubes en mi mente. Una dulce presencia parecía llenar la habitación a mi alrededor. Supe instintivamente que Dios estaba en el lugar y estaba haciendo algo en mi vida. Él estaba limpiando mi corazón. Poco sabía yo que éste era sólo el comienzo de mi viaje de fe.

Hubo varios momentos en Génesis que fueron puntos claves de cambios en mi vida. En una ocasión particular, tuve un sueño muy real. Yo estaba en una escalera de incendios en Nueva York y estaba saliendo de una habitación con regalos y animalitos de peluche que había robado. Tenía prisa por escapar mientras sostenía a un Barney (un dinosaurio púrpura de peluche muy popular con los niños), y corría hacia el techo de un edificio. De repente, pude sentir que alguien se me acercaba y no tenía escape. Miré más allá del edificio y noté que había una gran distancia entre la azotea siguiente y la mía. También noté que había un círculo de personas orando en otra azotea, pero no sabía cómo llegar hasta ellos. En ese momento sentí algo fuerte sobre mí, diciéndome que soltara las cosas robadas. Cuando lo hice, la azotea con el círculo de personas orando comenzó a moverse hacia mí. Pude caminar con seguridad hasta ellos. La persona que me perseguía ya no estaba. Me desperté con el entendimiento de que un seguidor de Jesucristo no puede robar más.

Un poco más tarde en Génesis empezamos a involucrarnos con una iglesia local en *Jersey City*. Ya para ese momento yo llevaba varios meses en el programa. Como nuestro grupo visitaba iglesias hispanas, disfrutábamos la alabanza, pero muchas veces encontramos que las iglesias sólo tocaban *CDs* de fondo musical mientras las personas cantaban. A un grupo se nos ocurrió que queríamos cantar para Dios. En realidad, no teníamos mucho talento y nadie tocaba ningún instrumento, pero teníamos corazones dispuestos. Orábamos y deseábamos cantarle al Rey. Una noche, cuando el servicio religioso finalizó, empezamos a orar y a cantarle a Dios. Éramos solamente un grupo de jóvenes envueltos en el momento de la adoración. El Espíritu de Dios descendió sobre nosotros y comenzó a bautizarnos con Su presencia, tal como dice en el capítulo dos del libro de los Hechos. Recibí este bautismo por primera vez. Con lágrimas de alegría, hablé durante la adoración. Me sentí "drogado" pero a la vez limpio. También sentí alegría y paz como nunca antes, y eso quedó grabado permanentemente en mi mente. Inmediatamente después de esto, nuestro grupo empezó a cantar en diferentes iglesias, y la unción de Dios bajaba mientras tocábamos *CDs* de acompañamiento. Dios continuó haciendo un número de milagros durante mi estancia en el programa Génesis.

Matrimonio.

Durante mi tiempo en Génesis, Michelle me visitaba a menudo con mi hijo Nicolás y aunque Michelle había crecido dentro de la iglesia y asistía a una fuerte iglesia bíblica, ella todavía no había aceptado a Cristo como su Señor y Salvador. Mi madre espiritual, Teresa, me decía, "Sabes algo, Héctor, en realidad no puedes tener una relación íntima con Michelle porque no están casados, aunque ya hayan tenido intimidad. Ante los ojos de Dios, tú eres responsable de hacer lo debido. Tú y Michelle tienen un hijo juntos y lo correcto es que se casen y le den al niño un hogar estable." "¿Casarnos? ¿Quién quiere hacer eso?", pensaba yo. Mi vida no incluía la normalidad, y un matrimonio parecía algo que necesitaba estabilidad y normalidad.

Era un pensamiento remoto en una tierra remota. Pero de alguna manera esto comenzó a trabajar en mi cabeza y yo quería hacer todo lo que complaciera a Dios para compensarle a Él todas las veces que yo había metido la pata. Y pensé que todo lo que pudiera hacer para acumular más puntos en la columna de favores, debía de hacerlo. También pensaba mucho en Nicolás y lo que era mejor para él. ¿Tendría él un padre a su lado cuando empezara a montar su bicicleta?

Recuerdo mirar a Michelle un día y decirle que, aunque estuviéramos discutiendo la idea del matrimonio, realmente no podíamos hacerlo en ese momento porque ella no era una verdadera cristiana que estuviera en la misma página que yo. ¡Qué clase de tipo era yo! Por supuesto que eso realmente la molestó – ella no podía comprender lo que yo estaba diciendo considerando todo lo que habíamos pasado juntos, especialmente el que ella se había mantenido a mi lado durante los peores momentos de mi vida. Y eso realmente la hería. Aquí estaba yo, diciéndole que ella necesitaba ordenar su vida con Dios. Sin embargo, un par de semanas después, Michelle asistió a un servicio y el Espíritu de Dios la invadió. Ella comenzó a llorar y a adorarlo durante un llamado al altar. Mientras Dios continuaba limpiándola, ella seguía llorando. Fue allí que ella oficialmente entregó su vida al Señor. Aunque había estado dentro de una iglesia toda su vida, nunca había conocido personalmente a Dios. De hecho, lo que conocía de Dios se basaba en el miedo a Dios, no en el amor de Dios. El último obstáculo a nuestra boda se había desintegrado.

Todavía no estaba realmente seguro si Michelle y yo estábamos preparados para casarnos. Theresa sugirió que fuéramos a consejería premarital y así fui presentado a un pastor de nombre Tony y a su esposa, que daban clases en ese programa. Ellos tenían un grupo de consejería prematrimonial que duraba seis meses. Pero si yo me iba a casar no iba a esperar seis meses y ya estaba luchando en mi mente con el concepto de consejería antes de la boda. Una vez yo había decidido casarme lo único que me interesaba era hacerlo oficialmente, o de lo contrario, podría cambiar de idea. Mirando atrás, hubiera querido que tomáramos el consejo y hubiéramos obedecido – pero no lo hicimos.

Decidimos que estábamos listos para dar el salto y planeamos casarnos en la Alcaldía de Manhattan. No consultamos a nadie en nuestra decisión de obviar la consejería prematrimonial y los pasos que debíamos haber dado para prepararnos para el matrimonio. De hecho, simplemente pensamos que Dios podía cambiar lo que tuviera que cambiar en nuestras vidas para hacer nuestro matrimonio exitoso. Una tonta manera de pensar. Sí, Dios puede cubrir y arreglar nuestros caminos torcidos, y Él hace que todo funcione para el bien de aquellos que lo aman, pero hay ciertas cosas que no fueron necesarias que pasaran. Tuvimos momentos difíciles al principio de nuestro matrimonio. Además de todo el bagaje que cada uno de nosotros traía al matrimonio, éramos muy ingenuos acerca de lo que significa tener un matrimonio dedicado a Dios. A pesar de nosotros, Dios ha sido bueno y fiel, y ha sido el cimiento de nuestros 25 años de matrimonio. Una carrera más en mí.

Yo quisiera poder decir que el programa Génesis me arregló del todo. La realidad es que resbalé una vez mientras estaba allí, a pesar del hecho de que Dios estaba trabajando tan poderosamente. De la nada, un pensamiento maligno entró a mi mente – "Yo estaba libre solamente porque yo estaba escondido en este lugar". Este asunto de Dios no es real hasta que no lo pruebes en las calles."

Era una mentira salida de las profundidades del infierno. De algún modo yo necesitaba ver si podía estar libre de drogas en la Ciudad de Nueva York; yo necesitaba hacer una prueba de ello, a pesar de las protestas de los demás. Yo pensaba que ahora era diferente. Actuaba diferente; tenía a Dios en mi vida, y tenía una manera distinta de pensar. Después de todo, me sabía de memoria algunas de las Escrituras y tenía una Biblia grande y gorda que llevaba a todos lados como si fuera un arma. Además, si Dios era Todopoderoso, ¿no iba Él a prevenir que yo hiciera cosas que no debía hacer?

De alguna manera, no entendí el hecho de que Dios también nos da libre albedrío. No somos robots. Él nos da Su Palabra, y Él nos da señales de tráfico, pero me temo que ignoré todos los avisos y procedí a meterme en medio de la tentación. Olvidé la Escritura que dice "No debes tentar al Señor tu Dios."

Un día, decidí que ya había pasado mucho tiempo dentro del programa. Me fui de regreso a Manhattan. El día que salí, descarada y arrogantemente le dije a Dios, "Me estoy yendo de aquí porque estoy cansado de esto y quiero drogarme. Si eres Dios, vas a tener que detenerme para que no vuelva a las drogas." Subí al tren en la estación Newark Penn y de repente mi cuerpo empezó a temblar y sacudirse – como si mi cuerpo me estuviera diciendo que no fuera.

Cuando llegué a Midtown Manhattan, había drogas dondequiera – como era usual.

Nada había cambiado en mi barrio. Yo sabía quién vendía drogas y dónde encontrarla; sin embargo, cuando empecé a visitar mis antiguos lugares favoritos para drogas, parecía que nadie tenía (o no estaban dispuestos a venderme algo). Traté y traté. Parecía como si todos tenían alguna excusa de por qué no podían venderme, darme o adelantarme alguna droga. Busqué por lo que pareció una eternidad. Finalmente, ya desesperado, fui a casa de mi madre y la convencí a que me diera una bolsita de heroína del inventario de mi padre. Le dije que era para otra persona porque ella sabía que yo estaba en el programa.

Ella accedió en contra de su voluntad y me dio una bolsa. La esnifé en el pasillo del edificio de la calle 50 Oeste donde vivíamos. Me senté y esperé a que el efecto llegara. Me mantuve esperando el efecto, pero pronto me di cuenta de que no tenía efecto, la bolsita no me había hecho nada. "¿Es esto una broma?" pensé para mí mismo. "¿Pasé por todo este trabajo para nada? Mi padre está vendiendo basura." En ningún momento me detuve a pensar que quizás Dios estaba interviniendo y parándome en seco.

Desafortunadamente para mí, no pude reconocer o aceptar los esfuerzos de Dios para detenerme. El Señor me había dado varias vías para escapar la tentación, pero no las tomé. Al contrario, corrí directamente hacia el pecado con mis brazos bien abiertos. La primera noche, acabé quedándome afuera en la calle para asegurar drogarme y pasé el peor tiempo de mi vida. La Biblia dice que cuando volvemos a nuestros viejos caminos, el espíritu diabólico regresa a encontrar la casa vacía y limpia, así que viene con otros siete espíritus para empeorar las cosas.

Y así era exactamente como me sentía – todo estaba peor. La profundidad de mi desespero era peor, y el uso de drogas se volvió también peor.

Una vez más, regresé a mis habilidades de narcotraficante para mantener mi adicción. También regresé a robarle a todo el mundo, incluyendo a mis padres cuando me quedaba sin dinero.

Desarrollé una mente ágil para los negocios; era bien hábil para comprar un pedazo de *crack* por diez dólares y revenderlo por treinta, sólo para regresar en el tren a comprar más. Solía saltar por encima del torno de entrada para no pagar y tener exactamente lo necesario para comprar las drogas. Cuando jugaba bien mis cartas tenía lo suficiente para mi vicio y suficiente para vender y mantener el ciclo dando vueltas. Mi madre siempre me permitía entrar a su casa y nunca me negó la entrada, aunque ambos sabíamos que lo que estábamos haciendo era malo. Llegó al punto en que yo compraba cocaína y la compartía con mi madre. Era algo raro, pero habíamos llegado a un punto donde habíamos aceptado que ambos éramos drogadictos. Como dicen, ese era el costo de hacer negocios.

Mi tiempo en la calle fue oscuro y duro. Estaba despierto por días, hambriento, sediento y perdiendo peso. Estaba dañando mi salud y mi mente.

Espiritualmente, yo estaba perdido y destrozado, pero aún en medio de mi caos, Dios no se dio por vencido conmigo ni me dio la espalda. Dios no sabe cómo fracasar, Él siempre termina lo que empieza. Yo creo que Dios estaba usando esta situación para despertarme y cambiarme permanentemente. Él estaba destruyendo el deseo por esta cosa en mi vida. No sólo me estaba sacando de las calles, también estaba sacando las calles de mi corazón. Me permitió comparar los caminos de esclavitud y muerte con los caminos de Dios y la libertad.

Las noches eran largas y frías en las calles – yo siempre estaba planeando lo malo y buscando mi próxima oportunidad. Algunas noches *Hell's Kitchen* era como un pueblo fantasma – donde sólo los zombis salían a la calle; como los muertos en vida buscando sin cesar la satisfacción que no se puede encontrar en las calles.

Rasguñábamos y desgarrábamos desesperadamente para encontrar lo que buscábamos. Todos perseguíamos el sentir del primer golpe de *crack* y de la primera bolsa de heroína; pero en realidad, todos estábamos persiguiendo al viento.

DIOS, SI ERES REAL, DETENME

- Después de múltiples arrestos y encarcelamientos, Héctor intentó varios programas seculares de servicio social, así como un programa militar, todos los cuales no tuvieron éxito. Como resultado, Héctor estaba receptivo a tratar un programa basado en la fe. Debido a su disposición a considerar una opción basada en la fe, Héctor vio la actividad o las señales de Dios. ¿Cuáles eran?

- ¿Alguna vez has experimentado la actividad o las señales de Dios? Por favor explica.

- ¿Alguna vez has tenido un momento en tu vida donde todo iba bien y, de la nada, tomaste una decisión de interrumpir y destruir el impulso positivo? Por favor explica.

- Aunque Héctor estaba experimentando algo totalmente nuevo, todavía había viejas formas de pensar y tentaciones que contribuyeron a su decisión de abandonar el programa. ¿Qué problemas de carácter contribuyeron a la decisión de Héctor a abandonar el programa?

- Una vez Héctor volvió a las calles y a la conocida cultura de las drogas, intentó retomarla donde la dejó. Por favor explica qué fue diferente esta vez.

8

UNA ESPOSA QUE ORA

Michelle andaba buscándome otra vez, pero no como antes. Yo me mantenía evadiéndola con un enorme sentimiento de fracaso – un sentimiento de que quizás ni Dios podía componerme. Parecía que no tenía salida. Pero Dios es un abre caminos. Él se especializa en abrir camino donde no lo hay...

Michelle continuó orando y asistiendo a la Iglesia *Times Square* en Manhattan. Buscando consejo, empezó a consultar con uno de los pastores de la iglesia. Ella quería saber cuál era el papel y la postura que debía asumir como mi esposa; y si era correcto o no que ella iniciara un proceso de divorcio. Mi nueva esposa estaba desgastada por todo lo que ella había estado pasando conmigo y estaba preocupada por cómo mi adicción podría afectar a nuestro hijo.

Mientras, las oraciones me rodeaban. Los miembros del programa Génesis, incluyendo a Theresa, oraban por mí para que Dios completara lo que había empezado y no le permitiera al diablo o a mi adicción, que me destruyera. ¡El arma de la oración es poderosa!

¡El Dios que oye nuestro clamor es TODO PODEROSO! Cuando la gente de Dios ora fervientemente, comienza a suceder cosas (aún cuando por fuera parezca que nada está sucediendo). El reino de la oscuridad sufre violencia cuando la gente de Dios ora…En otras palabras, como creyentes, las armas de nuestro combate son espirituales y poderosas y logran destruir ataduras. No hay duda alguna de que mi atadura era la adicción a las drogas.

Pero cuando oramos, invitamos a Dios y a todo el cielo a que actúen y se muevan a favor nuestro. Cuando Dios está de nuestra parte, ¿quién puede contra nosotros? ¡Nadie puede ganar una batalla contra Dios!

Mientras la gente continuaba orando por mí, yo sabía que exteriormente estaba de nuevo en el desierto. Entendía que mi jornada era igual a la que los judíos sufrieron en el libro de Éxodo. Yo había sido rescatado de una severa forma de esclavitud y estaba tratando de encontrar mi camino de regreso…a la misma esclavitud. Estaba luchando en contra de mi libertad. Yo quería estar de nuevo en las garras del Faraón. Había sido sacado de Egipto, pero me mantenía mirando hacia él y deseando estar de regreso con mi cruel amo.

¿Entiendes esto? ¿Has sentido alguna vez como si supieras que algo anda mal y no tienes la fuerza para salirte de eso? Quizás sea una relación abusiva donde tú sigues regresando por más abuso. O tienes una adicción, y por mucho que tratas, simplemente parece que ella te tiene en sus garras.

Mi esposa era mi intercesora personal, batallando ante Dios para que yo fuera liberado para siempre a través de la fe y la oración. Pero yo estaba de nuevo atrapado por satanás, despierto la mayor parte del tiempo. La cocaína *crack* me mantenía funcionando. Y seguía perdiendo peso; la droga era mi único alimento.

En algún punto de mi jornada me deprimí y caí en un lugar donde estaba física y mentalmente exhausto. Yo quería salirme, pero no sabía cómo escaparme de este desierto que era mi vida. Sabía que estaba destruyendo a mi familia y a mí mismo. En mi corazón, tenía el conocimiento de que Jesús era real, pero ese conocimiento no era suficiente para sacarme de las calles. No sabía cómo humillarme y clamar a Dios. No sabía cómo rendirme a Él, y para empeorar las cosas, estaba bajo la idea equivocada de que Dios no me quería de regreso. Sentía (y a menudo creía) que yo estaba perdido para siempre; por siempre sucio; y por siempre un criminal y un adicto. Eso era una mentira, una mentira del enemigo para mantenerme esclavizado.

Pero Dios estaba allí y yo lo sabía cada vez que Su gracia y misericordia venían por mi rescate.

Hubo veces, que estando en las calles, yo sentía la urgencia de que necesitaba irme de ese lugar.

Cada vez que obedecía esa voz interna y me iba, la policía llegaba después de irme y arrestaba a la gente. En cada ocasión, pude escaparme por un pelo.

En más de una ocasión, me encontraba drogándome en una de los puntos de drogas, para de repente sentirme sobrio. El efecto desaparecía. Sin poder detenerme, comenzaba a hablar sobre Jesús. Yo podía sentir Su presencia a mi alrededor. Empezaba a pensar en una eternidad sin Dios, y recibía un sentido bien concreto de tal realidad. Cada vez que la sensación se evaporaba, yo me quedaba allí sentado, inmóvil como una piedra, totalmente sobrio, ¡contándole a todo el mundo lo que había aprendido de Jesús! Y les avisaba a todos en el lugar sobre el hecho de que Jesús podía regresar en cualquier momento. Les decía que, si Él lo permitía, yo, y todos los que estábamos allí, estábamos perdidos. Me mantenía hablando sobre nuestra condición pecaminosa y cómo vivíamos una vida de maldad.

Cuando la gente me oía hablando así, ellos decían cosas como, "Este tipo está loco, y está alucinando." O decían, "Hombre, me estás arruinando la nota." Yo no podía creer esto. Aún cuando tenía la pipa en mi boca y estaba usando mis manos para rellenarla de *crack*, Dios estaba en mi mente. ¿Puedes imaginarte la contradicción en mi alma? Tenía *crack* en mis manos, humo en mis pulmones, una pipa en mi boca, y a Jesús en mi mente. ¡Señor, ayúdame!

No había manera de evitarlo a Él, por mucho que tratara. Era como si Dios traspasara las paredes para llegar a mí. Él quería liberarme de mi celda y mis cadenas. La noche en que fui arrestado, el oficial me había prevenido anteriormente de que me fuera del edificio porque él regresaría a investigarlo, pero no hice caso. Creo que realmente Dios quería que yo fuera arrestado ese día. ¡Fui rescatado de la ruina que era mi vida!

Yo no lo sabía entonces, pero ésta fue la última vez que sería arrestado. Dios estaba diciéndole a mi adicción, "¡Hasta aquí llegaste y ni un paso más!" Yo lo veía como que había sido rescatado de mi miseria. Mientras estaba sentado en la patrulla de policía, todo lo que pude hacer fue soltar un gran suspiro. Yo había llegado a un punto donde estaba totalmente cansado de mi estilo de vida. Cuando llegué al Centro de detención esa noche, estaba tan cansado que me quedé dormido en el piso frío y sucio. De hecho, estaba tan cansado que no recuerdo nada de mi proceso de encarcelación. Cuando desperté, me enviaron a presentarme frente al juez, y con un expediente como el mío, esperaba que me enviaran de nuevo a *Riker's Island* – al bloque C95.

Michelle también estaba exhausta. Estaba drenada por todo el drama, arrestos y desapariciones mías. Me dijo que ella no quería tener nada más conmigo. Había decidido divorciarse y quería la custodia total de nuestro hijo Nicolás. ¿Cómo podía yo culparla? Un día fui al servicio religioso en la cárcel y cuando todos empezaron a cantar yo empecé a sentir la presencia de Dios y comencé a llorar; pero todavía no creía que Dios pudiera perdonarme. Sentía que había desperdiciado una gran oportunidad que Él me había dado, y que no sobraba perdón para mi desobediencia. Yo no sabía que el amor de Dios y Su misericordia me iban a perseguir. Y no sabía cuán inmensa es la capacidad que tiene Dios para sufrir por mí – ya que había venido a liberar a los cautivos.

Con todo, el Señor y su amor irrumpieron a través de mi angustia y me dijeron, "Eres mío."El sueño que lo cambió todo. En enero de 1995, tuve un sueño. En este sueño, yo estaba sobre un pedazo de cerca que flotaba en el aire. La gente caminaba por las calles debajo de mí, incluyendo tres personas que paseaban a tres lobos con sus correas al cuello. Los lobos tenían vestimenta de ovejas. De repente, soltaron a los lobos y estos trataron de atacarme, mientras yo permanecía encaramado sobre la cerca, y sabía que si caía de ella, los lobos me despedazarían.

De la nada surgió un distante llamado a desayunar. El llamado a desayunar dentro del bloque C95 se volvió más alto y más alto y desperté aterrado. Cuando fui a desayunar esa mañana, traté de olvidar el sueño. "Fue sólo una pesadilla y nada más," me dije. "Realmente no había nada significativo en él."

Pero cuando volví a dormirme esa mañana, el sueño regresó justo en el mismo lugar donde lo había dejado. Yo estaba otra vez sobre la cerca flotando en el aire. Los lobos habían sido soltados para que me atacaran. De repente, recordé que podía clamar el nombre de Jesús en medio de cualquier problema, y empecé a gritar, "¡Jesús, Jesús ayúdame, están tratando de matarme!" Súbitamente, las imágenes en el sueño cambiaron – yo estaba otra vez en casa de mi madre, dentro de mi habitación, parado detrás de un pequeño púlpito de madera con una Biblia abierta. Y había personas esperando que yo hablara.

Me desperté e instintivamente me di cuenta que este sueño era diferente. Curiosamente, parecía que Dios trataba de hablarme a mí. Me arrodillé y oré mientras trataba de descifrar lo que aquello significaba y de recordar todos los detalles. Presentía que tenía que ver con mi batalla por la libertad de mis ataduras y recordé sentir que todo estaba relacionado a mi situación actual.

Comencé a sentir la respuesta de Dios. Yo no oía una voz audible, pero podía casi sentir lo que Dios estaba diciendo. Me decía que estaba en la cerca; estaba entre dos opiniones, por encima de todo lo que el mundo tenía que ofrecer, pero yo había permitido que los lobos me arrastraran de nuevo a las calles. Yo tenía que regresar a la cerca por una temporada y me estaba advirtiendo que no le permitiera a los lobos – las cosas de este mundo – arrastrarme hacia abajo otra vez.

Seguí orando, preguntándole a Dios por una pista sobre el versículo de la Biblia que vi en mi sueño. En mi interior, yo sabía que había significado en ese verso. De la nada, oí una pequeña voz que decía, "Gálatas cinco."

Yo nunca había leído Gálatas 5 antes de ese día. En la NVI dice, "Cristo nos liberó para que vivamos en libertad. Por lo tanto, manténganse firmes y no se sometan nuevamente al yugo de esclavitud." Otra parte dice, "Ustedes estaban corriendo bien. ¿Quién los estorbó para que dejaran de obedecer a la verdad? Tal instigación no puede venir de Dios, que es quien los ha llamado." Y después dice, "Les hablo así, hermanos, porque ustedes han sido llamados a ser libres; pero no se valgan de esa libertad para dar rienda suelta a sus pasiones."

Supe que este era Dios hablándome – confirmando lo que iba a pasar, pero también a dónde yo iba ir a parar. Dios tenía un plan para mí. ¡Oh, qué alegría y qué sorprendente impresión saber que Dios aún estaba dispuesto a hablarme!

Inmediatamente, me arrepentí y pedí a Dios que me limpiara; que renovara el trabajo que había comenzado en mi corazón y en mi vida. Creo que ese fue el principio del fin de las drogas que habían estado en mi vida. Yo no quería ser la misma persona. Clamé a Dios, "Si voy a salir de aquí todavía adicto a las drogas, volviendo a causar dolor, déjame aquí en prisión."

Pero Dios tenía otro plan para mí. En lugar de orar a Dios para que me dejara en la cárcel, Él me dirigió a que orara, "Dios, sólo cambia mi vida." Si yo quería la libertad, Dios tenía que cambiar mis deseos.

Llamé a mi esposa y le dije que Dios me había hablado la noche anterior. Compartí con ella cómo Dios me había dicho que Él iba a unirnos otra vez y que yo sería libre.

Michelle me contestó, "¡Bueno, Él nunca me ha dicho nada de eso a mí!". En otras palabras… "Espera un momento, hijo." Ser un cristiano es algo más que tener el lenguaje correcto de la iglesia y versículos de la Biblia memorizados y en tu boca; se trata de seguir y confiar en un Dios que transforma. Lo esencial es tener un estilo de vida que respalde tus palabras. Era claro que ella no quería oírme. Y de nuevo, ¿cómo culparla por eso?

Michelle entonces me dijo, "Héctor, tú no has cambiado. Tú solo tienes el lenguaje de un cristiano, pero no el caminar que lo respalde." Terminamos nuestra conversación, y aunque ella no estaba muy receptiva, yo quedé renovado con un sentimiento de que Dios me había dado otra oportunidad. Y esta vez…esta vez, yo no quería arruinar esa oportunidad. Mi vida había tenido más drama que una telenovela de diez años de duración. Esta vez yo no iba a dejarlo a Él hasta que Él no me hubiera bendecido.

Después de pasar algunos días, Michelle me dijo que ella había sentido una sensación abrumadora que le decía que le pidiera dinero a su padre para pagar mi fianza. Su padre era un pentecostal, un cristiano nacido de nuevo, que no quería saber nada de mí. ¿Quién podía culparlo después de todo lo que yo le había hecho pasar a su hija? Sin embargo, por la gracia de Dios su padre eventualmente le dio el dinero para mi fianza.

La noche antes de mi salida bajo fianza de *Riker's Island*, mi mente empezó a divagar. Como siempre, empecé a pensar en volver a casa, a mi antiguo barrio y a mis antiguos amigos. Mi mente comenzó a llenarse de imágenes y sentimientos sobre las drogas. Otra vez, era como si yo hubiera olvidado que había entregado mi corazón y me había dedicado al Señor. Sin embargo, mientras mi mente vagaba, de pronto sentí a Dios hablándole a mi conciencia. Él me decía, "Mira lo que hay en tu corazón y en lo que estás pensando."

Me senté en la celda, congelado mientras estos pensamientos pasaban sobre mí. Me sentí avergonzado, y apenas podía enfrentarlos. Todo lo que pude hacer fue permanecer sentado, arrepintiéndome. "Perdóname Dios," me mantuve diciendo una y otra vez. "Por favor, perdóname." Yo quería ser libre. Estaba cimentado en mi corazón y espíritu que, si Él me sacaba, yo iría directo a la iglesia y le daría el control total de mi vida.

UNA ESPOSA QUE ORA

1. ¿Alguna vez has sentido que sabías que algo andaba mal, pero parecía que no tenías poder para alejarte?

2. Héctor continúa la lucha para poner fin a todas las batallas internas, lo que resulta en su rendición y en un clamor por la máxima libertad. ¿Puedes relacionarte con la lucha en algún aspecto de tu vida? Por favor explica.

3. Fuera de la intervención divina o de la ayuda de Dios, hay un ingrediente que contribuye a la libertad de Héctor. ¿Qué es?

9

DE CONDENADO A DESTINADO

Después de salir bajo fianza, mi esposa y yo íbamos en el tren hacia Manhattan. Michelle se volteó hacia mí y me dijo, "¿Qué te pasa? No te veo feliz." La miré a los ojos y le dije, "No puedo quedarme contigo y Nicolás todavía. Me queda un largo viaje de recuperación por delante, y tengo que empezar yendo a la Casa Timothy."

Casa *Timothy* era un programa cristiano contra las drogas manejado por la Iglesia *Times Square*. Aunque Michelle quedó confundida con mi decisión, yo creía firmemente que este era el camino que necesitaba tomar para que Dios me restaurara totalmente y yo pudiera vivir mi vida para Jesús. Nuestro matrimonio, y mi hijo, necesitaban un padre libre de drogas – y Casa Timothy era el paso que yo necesitaba dar para construir un fundamento sólido. Yo necesitaba aprobar el examen que había fallado en Génesis. Me inscribí yo mismo en el programa, donde estuve por un par de meses.

El pastor William Carroll y John Foster estaban a cargo del programa. Empecé a entregar mi vida al cuidado de Dios según lo entendía a Él en ese entonces – permitiendo que Él lo tomara todo – todo lo que yo era, lo que había pasado y lo que había hecho. Le admití a Dios que yo no tenía la fuerza y que mi vida era incontrolable. Yo quería un nuevo comienzo. Mientras estaba en el programa, comencé a desarrollar una buena amistad con el pastor Richie Wiese, quien estaba a cargo del Ministerio de prisiones de la Iglesia *Times Square*. Mientras esperaba la vista de mi caso en la corte, empecé a orar y ayunar buscando el favor de Dios – específicamente, para que Él desestimara el caso. Durante ese tiempo, empezó mi deseo de ir a la Escuela de ministerio pastoral *Mt. Zion* para convertirme en alguien que Dios pudiera usar. Sin embargo, Dios tenía otro plan para mí.

A un par de meses de estar en el programa de Casa *Timothy*, llegó la fecha de mi caso en la corte. El pastor Richie fue conmigo para darme un apoyo visible y quizás conmover al juez y al fiscal. Desafortunadamente, el juez tenía otras ideas. Comenzó a vociferar y decirle a mi abogado que mi expediente era larguísimo y le aconsejaba que yo debería considerar el acuerdo de sentencia que el fiscal me había ofrecido. Si yo no lo aceptaba, el juez indicó que me daría la sentencia máxima permitida por la ley si perdía el juicio. Una sentencia mínima para un criminal con antecedentes, podía ser de veinticinco años a cadena perpetua. No dejaba mucho que pensar. Supe que tenía que aceptar el acuerdo porque yo era culpable, pero también porque no había otras opciones. La presión estaba ahí. Mi cabeza daba vueltas. Yo no podía entender cómo – si yo tenía a todo el cielo de mi lado, a gente orando, un pastor que vino conmigo al tribunal –¿cómo podría perder mi caso? El acuerdo de sentencia era que yo aceptara de 3 a 6 años de cárcel o que fuera a juicio. Decidí aceptar el acuerdo y el juez me dio una fecha para regresar a la corte para recibir la sentencia. Me quedaban unas seis semanas de libertad.

Obviamente, tengo que decir que, aunque yo era culpable y aunque mereciera algo peor, estaba decepcionado con tener que volver a prisión por no menos de tres años. No podía entender cómo esto podía ser parte de lo que Dios quería para mi vida. Después de todo, ¿ir a la escuela bíblica no era mejor que ir a la cárcel? No hay rehabilitación volviendo a la cárcel.

Cuando salía del Tribunal de justicia criminal de Manhattan, la frase "¿Puedes adorarme aún?" estaba grabada en mi corazón y se imponía en mis pensamientos. Y dije, "Dios, te adoro, te amo. Voy a servirte no importa lo que venga a mi camino."

Regresé a *Timothy House* y le agradecí al Pastor Richie que viniera conmigo a la corte. Yo estaba afligido por tener que volver a prisión, pero todo parecía ahora diferente y más brillante en mi vida. Había personas en la Casa Timothy que se preguntaban por qué había escogido permanecer en el programa en lugar de estar con mi esposa e hijo. Pero sabía que Dios tenía un propósito para que yo me quedara allí. Él, finalmente tenía el control total de mi vida, y yo realmente sentía que Él no me quería en casa – todavía.

Una semana antes de comenzar mi sentencia en la prisión, pasé esa semana con mi esposa e hijo. La mañana en que me entregué a cumplir mi sentencia mi mente era un torbellino de pensamientos y mi corazón estaba inundado de sentimientos. Me di cuenta que si yo hubiera escuchado a Dios la primera vez que Él me limpió, ya hubiera podido estar estudiando la Biblia en la Escuela de ministerio pastoral *Mt. Zion*. Podía haber estado persiguiendo ya las metas que Dios empezaba a poner en mi corazón, y podía haber estado con mi esposa e hijo. En lugar de eso, yo iba a la cárcel y estaba dejando a Michelle sola para proveer y cuidar de nuestra familia. Yo agonizaba por las cargas que había puesto sobre los hombros de mi esposa y le pedía a Dios que cuidara de mi familia mientras yo no estuviera.

Yo tenía que entrar a prisión a la 1:00 pm. Justo antes de salir de la casa, Michelle me llamó y estaba feliz. "Mi amor, acabo de ser llamada a la oficina de mi jefe. Me ofreció un aumento," exclamó. Michelle sólo llevaba cuatro meses en el trabajo y todavía ni había pasado el período probatorio. A pesar de eso, el aumento de sueldo fue dado y para mí fue una señal de Dios, de que este era Su plan y propósito – y que yo debía ir y cumplir mi sentencia en paz. El plan de Dios en acción – en prisión

Me entregué en la cárcel y me dejaron tener mi Biblia. Esta vez yo estaba en el bloque C74. Tengo que admitir que estaba enojado por estar encarcelado y le preguntaba al Señor, "Dios, ¿por qué estoy aquí otra vez? Podía haber estado en *Mt. Zion* o haberme convertido en misionero. Me mantenía preguntándome por qué Dios no me libraba de las consecuencias de mis acciones, especialmente si yo estaba finalmente dedicado a cambiar mi vida.

La primera noche, un joven que estaba en la celda contigua a la mía, entró y me dijo, "¿Tú sabes lo que me has estado diciendo hoy sobre este Jesús? Pues, he pensado sobre eso y quiero pedirle a Jesús que entre a mi vida. Quiero que Él me cambie. ¿Está bien que yo lo haga ahora aquí, dentro de esta celda?" Le sonreí y allí mismo oramos por el perdón y salvación.

Un momento de luz vino a mi mente. Instintivamente supe en ese momento que Dios quería que yo llevara Su mensaje de perdón, salvación y esperanza dentro de las paredes de la prisión mientras me preparaba para otra cosa. ¿Puedes creer eso? Había un propósito para que yo estuviera en la cárcel. No sólo por el hecho de "cumplir mi sentencia", sino por un propósito divino – un llamado directo del Señor.

Al día siguiente me levanté emocionado por el plan de Dios para mí. Empecé a leer pedazos de la Biblia en la cárcel y la gente me miraba y me decían, "Hombre, ¿qué pasa contigo? Esto no es la calle 42." A mí no me importaba lo que ellos dijeran porque yo andaba de patrullaje – por orden de Jesús.

Pasé mi tiempo en prisión buscando al Señor. Pasaba horas enteras estudiando la Palabra de Dios. Me dormía leyendo la Biblia y me despertaba leyendo la Biblia. Era mi seminario bíblico.

Dios empezó a hacer cosas maravillosas en mi vida. Empezó a enseñarme el plan de salvación y que la salvación no venía de obras – buena conducta – sino por la fe en Él a través de Jesucristo. También aprendí que las buenas obras pueden venir como un resultado de mi amor por Él, y pueden ser una demostración de mi fe en Él, pero no pueden salvarme. Era maravilloso. Me sentía tan bien por lo que Dios estaba haciendo en mi vida. Finalmente, empecé a entender lo que Él ya había hecho en mi vida a través del poder de Jesucristo.

Como es costumbre en el sistema penal, se mantenían transfiriéndome a diferentes cárceles, tanto que yo perdí la noción de dónde estaba y en dónde había estado. Fui a una prisión donde había un hermano llamado Mike, y él solía debatir con otros en otra celda. Hablaban sobre el hecho de que algunas personas no creían en Jesús; algunos creían en Mahoma y había hasta quienes creían en la ciencia en vez de un ser divino. Había hasta una secta de afroamericanos que se llamaban a sí mismos "los cinco por ciento" y creían que el hombre negro era Dios y se referían a sí mismos como "dios".

Un día Mike estaba teniendo un debate con su grupo acerca de si Dios era o no real. Finalmente, Mike vino a mi celda y me pidió que me uniera al debate en la otra celda. Allí había un tipo que decía que él creía que descendíamos de los monos. Sentí una pregunta asomarse a mi espíritu, así que hice la pregunta, "Si venimos de los monos, ¿cómo es que los monos no continúan evolucionando? ¿Cuándo dejaron de hacerlo? ¿Por qué los monos no evolucionan en los zoológicos?" Él no tuvo una respuesta. Ni ninguna otra persona. El siguiente punto en el debate fue acerca de no creer en algo que no podemos ver y que éramos unos tontos porque nadie había visto nunca a Dios. Yo procedí a declarar cómo todos creemos en el aire, pero no lo vemos. Y que al igual que nuestras vidas dependen del aire para respirar y vivir, de la misma manera dependemos de Dios para la vida.

Procedí a compartir con estos presos el amor de Jesús y cómo Dios podría cambiar sus vidas, incluyendo las mismas cosas en que todavía ellos estaban involucrados. Había un joven hispano que había estado sentado callado durante el debate. Nos dijo que su madre había estado orando por él. Este muchacho había estado sirviendo al Señor un tiempo atrás, pero se había apartado y enredado con la vida en las calles. Desgraciadamente, la prisión era una consecuencia.

Después del debate, el muchacho vino a mi celda y dijo, "Mi mamá ha estado orando por mí y cree en Dios. ¿Puedo aceptar a Jesús en este momento y pedirle que me cambie? ¿Puede Él perdonarme – y cambiar mi vida como tú dices?"

Yo me limité a decirle "Absolutamente." "¿Qué tengo que hacer para ser salvo?", me preguntó el muchacho. Le dije, "Sólo levanta tus brazos ahora mismo, entrega tu vida y clama a Jesús."

Empecé a orar por él y Mike hizo lo mismo. De pronto, Mike empezó a llorar y a clamar en adoración y cayó de rodillas hablando en otra lengua allí mismo en la celda. El otro preso cayó al piso de la celda. La presencia de Dios lo inundó completamente. Había otros presos caminando por allí que observaban, y yo estaba en medio de estos dos hombres – uno hablando en otra lengua, mientras el otro yacía en el suelo. ¡El poder de Dios cayó sobre la celda!"

La noticia se difundió por la prisión. Mucha gente caminaba diciendo, "No dejes que esos tipos oren por ti." Ellos no entendían que nosotros no habíamos tenido nada que ver con eso – todo había sido el poder del Espíritu Santo.

Un día estaba yo en la cafetería esperando por mi comida. Allí estaba un enorme hermano afro- americano que empezó a contarme sus problemas. Él me dijo que tenía dolores en su cuerpo. Le pregunté si podía orar por él y me contestó, "No, no, no quiero que ores por mí – ya oí de ustedes, y no quiero que me pasen cosas raras." Él me cuida.

Me transfirieron a una prisión más al norte del estado de Nueva York y empecé a trabajar en el comedor. Un día, vino un preso y empezó a maldecirme porque quería más comida, y a mí no me permitían dar más. Me amenazó y me dijo que, si me veía en el patio, iba a hacerme algo.

Por supuesto, el día llegó estando yo en el patio, él vino hacia mí, acompañado de dos tipos más y empezó a amenazarme.

Al mismo tiempo, había dos presos más parados cerca viendo la confrontación. De hecho, estos dos tipos dormían en mi misma área y yo había estado hablando con ellos sobre Jesús y su poder para cambiar una vida. Ellos eran líderes en dos prominentes pandillas hispanas en la prisión – uno estaba en los *Latin Kings* y el otro estaba en la pandilla Nieta. Ellos vinieron a donde el instigador y le dijeron que si alguna vez volvía a acercarse a mí con esa actitud, él no iba a salir de la prisión caminando. La protección del Señor estaba alrededor mío. Dios me enseñó cómo Él era suficientemente poderoso como para usar a dos pandilleros para hacer Su trabajo, si Él así lo quería. De hecho, estos dos hombres fueron los siguientes con quienes compartí el amor de Jesús dentro de las celdas.

De esa prisión, fui enviado al Centro correccional *marcy* donde me dieron la oportunidad de pasar menos tiempo en prisión si yo participaba en un programa de tratamiento contra drogas operado por Casa *Phoenix*. Me dijeron que, si yo participaba de una rigurosa etapa de tratamiento, yo sería liberado de la cárcel.

Entré al programa de Casa *Phoenix*. Nos aislaron del resto de la población de la prisión, para vivir y respirar el programa de los Doce Pasos. Parte de la terapia incluía confrontaciones de grupo en donde nos gritábamos unos a otros por exhibir actitudes que nos llevaran a las drogas. Una vez más, el Señor me concedió el favor de las autoridades y me convertí en uno de los líderes de este programa.

A principios de 1996, estando yo todavía en el programa, mi esposa recibió una llamada acerca de un apartamento. Ella lo rechazó porque yo no iba a estar llegando a casa hasta mucho después. Recibió otra llamada a mediados de año, la que también rechazó. Finalmente, en el otoño de 1996, cuando yo estaba a punto de ser liberado del programa, recibió otra llamada.

Aceptó el apartamento porque yo estaba a punto de volver a casa. El

Señor me buscó un hogar aún antes de que yo llegara al mismo. ¡Él se preocupa hasta de los detalles más pequeños de nuestras vidas!

Fui puesto en libertad a finales de 1996. Después de una corta estadía en un hogar de transición en el Bronx, yo estaba finalmente viviendo de nuevo con mi esposa Michelle en la calle 54 oeste y la avenida 10. Estábamos, por fin, viviendo como una familia con nuestro hijo Nicolás. Esto de por sí era un milagro. Porque me había sido dado el favor de Dios, recibí lo que se llamaba el "Estatus 7-0", que significaba siete días afuera en la comunidad y cero días en la cárcel bajo libertad condicional. Usualmente cuando a un preso le dan libertad condicional, lo envían a una facilidad en Washington Heights, y se le da un "estatus" como "cuatro días afuera, tres días adentro", o algo similar. Esto le permitía al ex-convicto irse integrando lentamente a la comunidad, mientras era monitoreado, hasta recibir el "Estatus 7-0". Dios me permitió tener el estatus 7-0 de inmediato al ser liberado, lo que era extremadamente raro en esos días.

DE CONDENADO A DESTINADO

1. ¿Alguna vez has estado en una situación de crisis donde las consecuencias parecían abrumadoras, pero al mirar hacia atrás, la situación fue beneficiosa para tu carácter y tu futuro? Por favor explica.

2. En el capítulo 9, Héctor llega a la decisión de "no importa qué" va a hacer lo correcto. ¿Puedes identificar ejemplos de esto en el capítulo?

3. ¿Alguna vez has llegado a un momento "no importa (el costo, el dolor, el tiempo o las consecuencias) qué" en tu vida donde decidiste hacer lo correcto independientemente del resultado? Por favor explica.

4. ¿Crees que la decisión de Héctor de "no importa qué" contribuyó al resultado positivo al final del capítulo? ¿Puedes relacionar o identificar áreas en tu vida donde este ha sido el caso? Por favor describe.

10

LIBRE AL FIN

El Pastor Richie continuó preocupándose por mí, ofreciéndome un trabajo limpiando las calles de Times Square...Tener un trabajo era la otra variable necesaria para poder tener mi estatus 7/0 de libertad.

Según lo entendí en ese momento, la Iglesia Times Square tenía un arreglo con el Times Square Business Improvement District, también conocido como el Times Square BID, y me empleó a $5.00 la hora para limpiar las calles. Aunque no parecía ser un gran trabajo, era un enorme primer paso para mí, mientras comenzaba a re-adaptarme a la sociedad y a vivir una vida normal. Era también una oportunidad de trabajar – una oportunidad genuina, ya que la mayoría de los ex- convictos rara vez tienen una posibilidad justa de ser empleados. Es triste decirlo, aunque hablamos mucho de segundas oportunidades en nuestra cultura, la mayoría de los ex-convictos nunca encuentran una que sea justa. En la solicitud de trabajo nunca podemos ir más allá de la pregunta que dice: "¿Ha sido usted convicto de un crimen alguna vez?", la que se vuelve en la estocada final para la mayoría de los ex-convictos que tratan de hacer las cosas bien.

Yo veía mi trabajo como un milagro de Dios, y lo tomé con mucha seriedad. Poco después de empezar el trabajo de limpieza, mi esposa se tropezó con un señor con quien ella había trabajado antes. Él le preguntó si ella necesitaba un trabajo, y ella le dijo que no pero que su esposo podría aprovechar una oportunidad. Días después le enviamos mi currículum, y él lo pasó a otra persona en su compañía. Pasó algún tiempo, pero un día me llamaron para una entrevista. Compañía *Group Health Incorporated* – El comienzo de la estabilidad.

Yo no podía recordar cuándo había sido la última vez que había sido entrevistado para un empleo. Aunque el trabajo era para un puesto administrativo de nivel inicial, me preparé como si fuera para un puesto ejecutivo. Cuando entré a la oficina para la entrevista, un hombre y una mujer me esperaban. Desde el principio de la entrevista era evidente que yo no le caía bien al señor y él no planeaba darme el empleo. Miró mi currículum y me dijo, "Señor Vega, hay varias lagunas en su currículum." Pensé para mí mismo, "¿Qué quiere decir con lagunas? Estoy seguro de que llené la página completa." Entonces me di cuenta que él se refería a los años faltantes en mi historial. Yo no quería mentir, pero no concebía decirle la verdad y que aún así me diera el trabajo.

¿Cuántos ex-convictos pasan por esto y tienen éxito? Me quedé sentado, construyendo en mi mente una detallada explicación de cómo yo había hecho varios trabajos "por debajo de la mesa" en esos años que no aparecían en mi currículum. Pero, de repente, pude sentir que mentir no era lo correcto y que, si yo había decidido seguir a Dios, entonces Él estaba en esa entrevista y yo necesitaba confiar en Él para el resultado. Respiré profundamente, y procedí a contarles de mi problema de abuso de sustancias y mi tiempo en las instituciones de corrección.

El hombre asintió con la cabeza, como si dijera, "Lo sabía, te descubrí." Sin embargo, la mujer me miró con bondad y me 'lanzó un salvavidas' al preguntarme, "Bien, ¿hizo usted algo mientras estaba allí?"

Le respondí, "Bueno, por supuesto. Participé de los programas de Doce pasos como también el Programa de transición de Casa *Phoenix*, donde tuve la oportunidad de ser un coordinador del mismo."

Colleen, la dama que me entrevistaba, continuó haciéndome una serie de preguntas que me permitían hablar positivamente de mi tiempo en prisión. Era obvio que Dios trabajaba a mi favor. A través de las preguntas de Colleen, pude describir de manera positiva las muchas veces en que había sobresalido favorablemente en los programas de rehabilitación en las cárceles, y cómo estaba trabajando para encarrilar mi vida de nuevo. Esto se convirtió en mi salvavidas en la entrevista y cambió los vientos en contra a vientos a favor.

Aunque no conseguí aquel trabajo en particular, pocas semanas después Colleen me llamó para preguntarme si yo todavía deseaba trabajar para *GHI*. Había otra oportunidad de trabajo disponible que pagaba aún más y todo lo que yo tenía que hacer era ir y pasar un examen. Vi a Dios moviéndose a mi favor y Su favor se convirtió en el tema de mi vida. Yo estaba bendecido y altamente favorecido. Decir la verdad me dio la oportunidad de ver que yo no tenía que mentir para salir adelante. Yo sabía que podía confiarle mi carrera a Dios.

Fui a la oficina de *GHI* al otro día y tomé el examen. Después de ver los resultados, Colleen me dio el trabajo. Le pregunté si podía regresar después porque necesitaba orar al respecto. Ella me miró asombrada y dijo, "¿Orar?" Yo le contesté, "Sí, créame, he cometido muchos errores y quiero que Dios sea parte de cada detalle de mi vida." Ella me dio un par de días para contestarle.

A la misma vez, yo estaba participando en la Iglesia *Times Square* y me habían preguntado sobre la posibilidad de trabajar como parte del grupo de seguridad en el anexo de la iglesia. Yo quería trabajar para la iglesia, así que le pregunté a mi mentor, el pastor Richie, qué debía yo hacer. Él me contestó, "Pero, ¿qué te pasa? Tienes una familia. Tienes más beneficios con el trabajo de *GHI* y la iglesia no puede pagarte lo que ellos te ofrecen. Además, vas a aprender nuevas habilidades que te ayudarán a subir más alto en *GHI*. Yo creo que debes tomar ese trabajo de inmediato."

Llamé a Colleen y le dije que aceptaría el puesto pero que todavía tenía una preocupación. "Verá usted, hay un hombre que me sigue y se aparece sin aviso," le dije. Instintivamente ella entendió que yo me refería a mi oficial de probatoria. Colleen me dijo, "No te preocupes, Héctor, yo te daré mi número de teléfono y cada vez que él aparezca, puedes llamarme y yo te daré permiso para que puedas salir y encontrarlo fuera de la oficina. De esta manera nadie sabrá de tus asuntos." Dios estaba obrando y peleando mis batallas.

Entré a un programa de entrenamiento de doce semanas para el trabajo y pasé con calificaciones altas. Entonces tuve que pasar el período de transición, otras doce semanas – así como una etapa de probatoria 'en el piso', (mientras hacia el trabajo). Después de sólo cuatro meses, el departamento de *GHI* para el que yo trabajaba (*HIP* Servicio al cliente de hospital), perdió su contrato e iban a disolver el departamento. Yo era un empleado temporal, así que no tenía los mismos derechos que los empleados regulares del sindicato ...no tenía derecho a que me colocaran en otro departamento de la compañía.

Pero yo estaba exactamente donde Dios quería que estuviera – en un lugar donde todo lo que yo podía hacer era confiar en Él para que trabajara a mi favor. Mi supervisora, Teresa, me preguntó qué iba yo a hacer ahora que habíamos perdido el contrato y yo no era parte del sindicato. Le dije que no sabía, pero que a mí me gustaría permanecer en la empresa. Ella llamó a Recursos Humanos y los animó a que me encontraran un puesto porque ella sabía que era un buen empleado. Una vez más, Dios me mostró Su gracia y favor. Teresa se convirtió en mi abogada defensora interna. Gracias a su perseverancia, Recursos Humanos (RH) me encontró un puesto en el departamento de Corroboración de datos. Se pautó una entrevista, pero antes de yo asistir, Teresa me dijo que era una posibilidad remota porque ese puesto ya estaba asignado a alguien con buenas conexiones. Aún así, me dieron la oportunidad de reunirme con el supervisor y el representante de RH en ese departamento.

La entrevista fue muy bien y el supervisor me aseguró que yo sabría algo muy pronto y que ellos reconsiderarían su posición con el otro candidato. RH me llamó por segunda vez y me informaron que el supervisor del departamento había quedado impresionado conmigo y me ofrecieron el cargo de oficinista en Corroboración de datos – aunque el puesto ya había sido ofrecido a otra persona. De nuevo, Dios había aparecido como mi abogado defensor. Mi tiempo en ese departamento fue formidable. Mi supervisora me acogió como si yo hubiera sido miembro de su equipo por mucho tiempo. Ella se enteró de que mi esposa esperaba un segundo hijo y motivó al departamento a que nos ayudaran con dinero y regalos. ¡Alabado sea Dios por Su favor! Pasaron varios meses y terminé exitosamente mi período probatorio y me convertí en un empleado a tiempo completo con todos los beneficios del sindicato.

A través de mi tiempo en GHI, Dios me dio Su favor sobrenatural con la gente con quien yo trabajaba. Ellos tenían una significante cantidad de lealtad y amor en sus corazones hacia mí – más allá de todo lo que yo hacía en mi trabajo. Rodeado por la gracia de Dios y gente bondadosa

La gente bondadosa que el Señor ha traído a mi vida me ha maravillado; hasta mi oficial de probatoria me mostraba una enorme bondad en sus interacciones conmigo. Por primera vez, yo estaba siendo monitoreado por un hombre correcto. Él no me provocaba como otros oficiales de probatoria anteriores. Él veía que yo estaba tratando de hacer lo correcto y mantenerme fuera de problemas.

Una vez, mi Oficial de probatoria me dijo, "Héctor, puedo percibir que estás haciendo lo correcto y puedo ver que este asunto con Dios está realmente funcionando para ti." Fue aún más lejos y nos compró un regalo para nuestro segundo hijo. ¿Puedes creer eso? Mi oficial de probatoria haciéndole un regalo a mi bebé. Ellos, pocas veces le dan a sus custodiados espacios para respirar, menos aún comprarles algo. Este oficial era un hombre bondadoso. Sentí que él era cristiano. Pero hacía su trabajo, monitoreándome en el trabajo y verificando lo que yo hacía con mi tiempo. Ni una sola vez me molestó, me degradó, o acosó como habían hecho los oficiales anteriores.

Al día de hoy, estoy maravillado de cuánto Dios maniobró en mi vida a través de personas como este oficial, Teresa, y tantos otros. Ciertamente, Dios usó personas de la iglesia para ayudarme, pero era aún más maravilloso ver como Él usaba a personas fuera de la comunidad de la iglesia para ayudarme en la transición de salir de prisión y entrar a la fuerza trabajadora de manera que pudiera convertirme en un miembro productivo de la sociedad. Y Dios no había terminado Su trabajo conmigo. Él continuó haciendo cosas milagrosas.

Después de trabajar por un año como oficinista de Corroboración de datos, me di cuenta que quería empezar a obtener otras habilidades y hacer otras cosas. Solicité para un cargo en el Departamento de servicios al consumidor, pasé el examen, y me dieron el puesto.

Asombrosamente no sólo conseguí el empleo, que venía con un programa de entrenamiento pagado, sino que pude también ayudar a mi esposa Michelle a que entrara al mismo programa pagado. Michelle y yo terminamos las clases, obtuvimos puestos en Servicios al consumidor y recibimos importantes aumentos de sueldo.

El favor de Dios continuó mientras yo crecía dentro de la familia *GHI*. En cada departamento por el que pasaba, en cada nuevo puesto, Dios continuó favoreciéndome con los jefes de esos departamentos. Me fueron dadas oportunidades de hacer más de lo que mi cargo requería, lo que me permitió aprender nuevas destrezas y experiencias, todas las cuales me ayudaron a avanzar en mi carrera. Continué subiendo en *GHI*, a pesar de mi falta de educación e historial de trabajo. Se podría decir que Dios llenaba por mí los espacios en blanco en las solicitudes. Y todo el tiempo Él me estaba preparando para algo más grande, un lugar de mayor responsabilidad.

Interesantemente, no todos estaban contentos con mi trabajo en la empresa. De hecho, el sindicato se había quejado de mi fuerte ética de trabajo. Dirigentes del sindicato se me acercaban a veces para advertirme que yo estaba haciendo lucir mal a otros empleados por ir más allá de lo requerido. Fueron tan lejos como para ordenarme que no continuara haciendo las cosas con ese estándar de trabajo.

A pesar de su tono amenazante, decidí continuar haciendo lo que Dios me dirigía a hacer. Yo sabía, que como cristiano, yo tenía que hacer mi trabajo al máximo de mi habilidad – tenía que darlo todo. Después de todo, era Dios creando las normas para mí y no el sindicato. ¡Yo hacía mi trabajo como si Dios fuera mi jefe!

Por esa época, me uní al equipo de béisbol de la compañía. Siempre amé el béisbol y jugaba bien. Estar en el equipo de la empresa me dio la oportunidad de conocer diferentes personas de la compañía, incluyendo a supervisores y jefes de departamento que yo no encontraría normalmente durante mi trabajo. Pude hacer increíbles contactos, que incluía al hijo del *CEO*. Pude también estar al tanto de las últimas noticias de lo que estaba pasando por arriba de mí en la empresa.

Poco después de unirme al equipo de béisbol, me enteré de un puesto de Representante de servicios de cuentas que lucía interesante. El trabajo incluía salir a la comunidad para reunirme con grupos individuales que estaban asegurados por *GHI*. La plaza era flexible porque yo podía trabajar unos días en la calle y otros días en la oficina.

Así conocí a un hombre llamado Don Harper que jugaba en el equipo. Descubrí que Don era el Director de esa división, sin embargo decidí no discutir la plaza con él. En su lugar, decidí simplemente llenar la solicitud para una de los puestos de Representante de servicios de cuentas y dejar que Dios me concediera el trabajo si era Su voluntad. Para entonces, ya me había dado cuenta que Dios me había otorgado tantas bendiciones y milagros en esta compañía, ¡que Él podía hacer cualquier cosa! La Palabra de Dios dice 'los ojos del Señor recorren toda la tierra para mostrar Su poder a favor de aquellos cuyo corazón es leal a Él."

Solicité a la plaza y pasé con éxito el examen mandatorio. Se me pidió que preparara una presentación para otros empleados de la compañía – una mezcla de Recursos Humanos, supervisores de departamento y otros representantes de Servicios de cuentas. Después de completar todas las fases de la entrevista, me ofrecieron el puesto.

Desafortunadamente, inmediatamente después de esto, la representante principal del sindicato se apareció y gritó "trampa". Ella había oído que yo jugaba béisbol con Don Harper, el director de esa división, y exigió ver los resultados de mi examen para determinar si había evidencia de favoritismo en el proceso de empleo. Me enteré de que el líder del sindicato quería que otra persona obtuviera ese puesto, aunque yo lo había conseguido justamente. La representante del sindicato arregló algo con el gerente del Departamento de capacitación para revisar mis respuestas al examen. Cuando lo hizo, descalificó una de mis respuestas lo que bajó mi puntuación final por un porcentaje o dos, provocando que alguien con una puntuación final más alta recibiera la posición en vez de mí. Terminé perdiendo el puesto. ¡No lo podía creer!

Molesto por el persistente sabotaje de los líderes del sindicato a mis logros, decidí que no quería seguir sujeto a la unión. De hecho, pedí que me devolvieran lo que yo había pagado en cuotas al sindicato. Parecía que esto era otra prueba para mí, pero antes de amargarme por eso, Dios contestó mis oraciones. Casi inmediatamente, una plaza gerencial no sindical apareció en el Departamento de capacitación. Era un puesto como Analista de calidad. Y resultó que el puesto tenía la responsabilidad de monitorear el trabajo de los representantes de servicios de cuentas, la misma plaza de la cual la jefa del sindicato me había estafado. El Analista de calidad era un puesto más alto con un salario mayor. Y nuevamente, tuve una entrevista y conocí al gerente del Departamento de capacitación.

Durante el proceso de solicitud, me enteré que ahora yo no era elegible para la protección del sindicato – la cual incluía una escala de aumentos salariales estructurados y beneficios adicionales. Si me quedaba en el sindicato, eso prácticamente me garantizaba un trabajo de por vida. Pero yo sabía que si daba un paso de fe y le permitía a Dios llevarme por aguas no exploradas, Él podría llevar mi carrera a un nivel diferente.

Decidí hacer eso. Confié en Dios y continué el proceso de solicitud. Me reuní con el Director del Departamento de capacitación y él fue muy positivo. Vio que yo estaba motivado y sintió que tenía el potencial para puestos gerenciales. Ese mismo día tuve una reunión con la Gerente de Recursos Humanos.

Ella comenzó la entrevista con una simple conversación y entonces fue directo al punto. Me dijo, "Mira, Héctor, el director quiere ofrecerte esta plaza, pero primero tengo una pregunta. Cuando miro tu currículum veo que antes de *GHI*, tienes una gran cantidad de tiempo en el que no aparece nada. Me gustaría saber qué pasó." La miré directo a los ojos y le dije, "Srta. Taylor, yo tuve algunos problemas con abuso de sustancias y mi vida se convirtió en un caos." Ella me detuvo antes de que yo dijera más, y me dijo, "Yo sólo quería saber si ibas a decir la verdad. El trabajo es tuyo."

Pasé a mi nuevo puesto gerencial y encontré que también estaría supervisando al individuo que le dieron mi plaza en la unión como representante de servicios de cuentas. Mi vida profesional empezó, en algunas maneras, a parecerse a la vida de José.

En medio de mi carrera, empecé a darme cuenta de lo mucho que Dios estaba en control. Yo estaba agradecido de que Dios específicamente me dirigió a una compañía donde las preguntas relacionadas al historial del solicitante no eran una parte prominente del proceso de solicitud. Yo había recibido muchas oportunidades dentro de esta empresa dirigida por una familia y no había duda alguna en mi mente que Dios había orquestado cada detalle de todo esto.

UNA NUEVA IDENTIDAD

La misericordia de Dios se multiplicó aún más después de que me dieran el puesto de Analista de calidad. Un corto tiempo después de haber empezado, me convertí en parte de la División de Recursos Humanos. Un día asistí a un seminario en el cual se llevó a cabo un ejercicio de actuar en una situación ficticia. El caballero que lo dirigía usaba palabras para describir a alguien o algún lugar, y teníamos que adivinar qué era lo que describía.

El dijo, "Soy flaco, gordo, alto, bajo, negro, blanco, con ojos azules, con ojos marrón – ¿quién soy yo? Nadie en el salón pudo adivinar. Yo grité, "Parece que usted está describiendo a un ser humano." Él contestó, "Cerca, pero no acertó. Estoy describiendo a un ex-convicto."

Una mujer en el salón dijo, "Caray, yo nunca lo había visto de esa manera. Puede ser cualquiera. Tenemos una imagen en la cabeza de cómo es este tipo de persona, pero un ex-convicto puede ser cualquiera – puede ser cualquiera en una entrevista de trabajo."

Irónicamente, allí estaba yo, sentado en medio de esta gente. Yo era un ex-convicto y parece que nadie lo sabía. Miré a la señora y le dije, "Oiga, ¿quiere oír un secreto? Yo soy un ex-convicto." Ella me contestó, "Si usted es un ex-convicto, yo soy una ex-monja."

Justo allí, en ese momento, sentí que Dios me estaba dando una revelación divina. Lo sentí diciéndome en el corazón. "Mira cuán lejos te he traído. Tú ERAS un ex-convicto, pero ya no. Mira a las personas a tu alrededor. Ni siquiera creen que tú una vez fuiste un convicto. Te he cambiado, Héctor – te he transformado. ¡Tú eres una nueva creación – ahora tu eres mi HIJO!¡Aquel al que el Hijo liberta es verdaderamente libre!

Dios me sacó de la vida en las calles – un adicto a las drogas, un ladrón, un ex-convicto – y me llevó al centro de la sociedad misma, trabajando en un puesto a nivel gerencial, restaurado con una mente sana y un espíritu de amor y poder. La gente no podía verme como yo había sido – aún cuando intenté compartirlo con ellos. Ellos sólo podían ver lo que Dios había hecho. Sólo me veían en mi presente estado y no podían penetrar mi pasado.

Tomé ese puesto con vigor, determinado a hacer todo lo mejor para honrar a Dios y todo lo que Él había hecho para traerme a donde yo necesitaba estar. Después de trabajar por un tiempo en el Departamento de capacitación como Analista de calidad, Dios me favoreció nuevamente y fui ascendido a Capacitador corporativo. Era un logro significativo porque la mayoría de los entrenadores, si no todos, eran personas con experiencia en el Departamento de reclamaciones de *GHI*. Yo trabajaba al lado de ellos, y, sin embargo, yo no tenía nada más que mi experiencia en el Departamento de servicios al consumidor.

Yo había estado trabajando en *GHI* desde 1997 y había visto el milagroso favor de Dios una y otra vez. Él me estaba usando todavía en el centro de trabajo, mientras me desarrollaba y me permitía proveerle a mi familia; sin embargo, descubrí que trabajar en *GHI* no era todo lo que Dios había planeado para mí.

LIBRE AL FIN

1. ¿Por qué mentimos? ¿Alguna vez has tenido la tentación de mentir, pero elegiste decir la verdad? ¿Cuál fue el resultado?

2. En el pasado, Héctor habría rechazado la oferta de trabajo debido a su falta de habilidades, antecedentes penales y responsabilidades actuales. ¿Qué es diferente en cómo Héctor maneja esta oportunidad de trabajo?

3. Héctor renuncia intencionalmente a su antigua forma de pensar e invita a Dios a su proceso de toma de decisiones mientras considera una oportunidad de trabajo. ¿Ves una correlación con la nueva forma de pensar de Héctor y los resultados positivos que siguen? Por favor explica.

4. ¿Puedes relacionar o identificar patrones similares en tu vida? Por favor explica.

11

LEVANTÁNDOME DE ENTRE LAS CENIZAS

Me uní al Ministerio Raven en la Iglesia Times Square, que es un equipo de evangelismo en las calles que va a la comunidad a compartir el Evangelio con los que no tienen techo y los quebrantados. Cada miércoles, mi esposa y yo nos uníamos al equipo que visitaba a los vagabundos que vivían en cajas de cartón y, los sábados yo visitaba los hoteles de transición al oeste de las calles 22 y 23. Les llevábamos comida y el amor de Dios a personas con enfermedades incurables que se sentían sin esperanza – los marginados y desprotegidos. Dios me permitió compartirles acerca de mi propia vida y predicarles desde mi corazón – diciéndoles sobre el Dios que hace milagros al que yo servía y cómo Él me había cambiado...

Los líderes del Ministerio *Raven* querían comenzar a penetrar un lugar llamado Casa *Holland* en la calle 42 oeste. Se nos pidió a un señor mayor y a mí que dirigiéramos los estudios bíblicos en esa localidad. Una vez más, yo estaba sorprendido y maravillado de que me escogieran para formar parte de los que dirigen un grupo. Pero Dios dice que Él escoge a los débiles del mundo para avergonzar a los fuertes; y Él usa al necio para avergonzar al sabio. Realmente comencé a sentir que un día Dios me usaría para un ministerio a tiempo completo, así que empecé a preparar mi corazón para renunciar a mi puesto en *GHI*.

Como con todo en la vida, Dios escoge los momentos perfectos. Como humanos, y tan sinceros como podamos ser, muchas veces nos adelantamos a Dios y tratamos de empujar y abrir la puerta. Desgraciadamente, eso fue exactamente lo que hice – me le adelanté a Dios. Decidí que ya era hora para mí estar en el ministerio a tiempo completo y fui a donde mi jefe Tom en el trabajo y le dije que yo necesitaba dejar mi nueva plaza como Capacitador Corporativo para entrar al ministerio a tiempo completo.

Tom quedó estupefacto. Aquí estaba yo, recientemente ascendido a esta plaza y diciendo que necesitaba renunciar para dedicarme totalmente al ministerio. Tom se mantuvo preguntándome cómo yo iba a mantener a mi familia, pero yo no quería oírlo. Desafortunadamente, parece que yo tampoco estaba oyendo a Dios y a mi iglesia. Sometí mi renuncia, y pronto me di cuenta que yo era necesitado en la iglesia sólo una vez a la semana para un estudio Bíblico nocturno. Por gracia de Dios, en *GHI* se me dio una opción para convertirme en un supervisor de reclamaciones a tiempo parcial por las noches. El estudio bíblico no tuvo éxito en atraer nuevos creyentes así que se canceló esa actividad. A pesar de eso, Dios empezó a obrar todas las cosas para mi bien, a pesar de mis apresuradas decisiones.

Mi última tarea, dentro del Departamento de capacitación, había sido enseñar a una clase de estudiantes para que ellos pudieran trabajar a tiempo parcial para el equipo de reclamaciones. Como yo no iba a hacer nada más en el Ministerio *Raven*, como había creído, se me dio la oportunidad de ser el supervisor de este grupo de empleados. Dios tomó mi tonta decisión ¡y lentamente comenzó a convertirla en una bendición disfrazada! Yo permanecí como el supervisor nocturno a tiempo parcial, e irónicamente, todas las oportunidades de ministrar que se abrieron en mi iglesia eran por la noche. Yo había hecho todos esos cambios para unirme al ministerio sólo para acabar en una plaza que no me lo permitía. Dios se había asegurado de que para poder ser un líder en el ministerio, yo necesitaba primero aprender a ser un servidor y necesitaba aprender a cómo esperar por instrucciones claras.

Una de las muchas lecciones que aprendí en esta época de mi vida fue cuán bondadoso es Dios con Sus hijos. Aunque me di cuenta que había cometido un error en cuanto al momento del llamado de Dios para mi ministerio – y el hecho de que dejé mi puesto a tiempo completo presipitadamente – todavía podía ver el favor de Dios trabajando en mi vida. La plaza a tiempo parcial que había tomado era en el Departamento de reclamaciones – la división más importante dentro de la compañía. Realmente no estaba calificado para estar en ese departamento y mucho menos en un puesto gerencial. Yo estaba dirigiendo un grupo de estudiantes universitarios que vinieron buscando trabajo temporal y trabajo a tiempo parcial cuando no tenían clases. Como *GHI* ofrecía entrenamiento pagado, estas plazas servían como una oportunidad para los estudiantes de trabajar mientras recibían entrenamiento que podía conducir a un empleo futuro.

Una vez la universidad comenzaba, estos estudiantes, a menudo renunciaban a su puesto, ya que les habían pagado durante las clases de entrenamiento.

El reemplazo de personal era alto, y no era una buena inversión para la compañía, así que compartí mi observación con mi jefe, el señor González. Le recomendé cambiar los requisitos para estas plazas particulares de entrenamiento; y por sugerir esto, Dios me permitió una vez más obtener favor con la cabeza de mi departamento – al igual que José en el libro de Génesis.

Eventualmente, el señor González empezó a buscarme con más frecuencia, preguntándome acerca de mis metas, mi opinión en ciertas cosas y cómo el trabajo estaba funcionando para mí. Un día se me acercó y me dijo, "Héctor, este puesto claramente no te conviene. ¿Por qué no vienes y trabajas directamente para mí en una plaza que tengo disponible como supervisor a tiempo completo de día?"

Sentí un poco de miedo porque, aunque yo había sido ascendido inclusive al estatus de entrenador corporativo por un corto tiempo, yo sabía que el grupo de empleados del Departamento de reclamaciones en *GHI* estaba compuesto por personas que habían estado trabajando en ese departamento por años. Ellos tenían el entrenamiento y la experiencia. Muchos eran Ajustadores de reclamaciones por muchos años que habían hecho el trabajo y pagado el precio por sus derechos. Yo sabía que no podía competir con su adiestramiento, experiencia y pericia, y me preguntaba cómo era que yo podía calificar para una plaza como esa.

El estrés que venía con esa decisión también puso mi fe en Dios otra vez en el fuego. Al final acepté la plaza confiando en Dios. El señor González me hizo un supervisor rotativo. Este puesto me permitía visitar otras áreas de necesidades departamentales durante la semana. Yo trabajaba con ajustes de reclamaciones, correspondencia y apelaciones. Trabajaba con el equipo de Control de calidad que manejaba grupos de bajo rendimiento para averiguar las razones que provocaban el problema, y creaba soluciones para mejorar el desempeño del empleado. Yo pude trabajar con varias subdivisiones dentro del Departamento de reclamaciones, aprendiendo varios aspectos de la compañía en maneras a las que nunca habría sido expuesto de no ser por este nuevo cargo. Aprendí la operación completa. Dios estaba obrando en un lugar misterioso.

Mientras tanto, el señor González continuaba trabajando estrechamente conmigo y preparándome como supervisor. Después de más o menos un año, me dieron un equipo de ajustadores de reclamaciones que procesaban trabajos especializados para que yo los supervisara. Una vez más, empecé a comprender la profundidad de la misericordia de Dios. Él estaba madurando mi fe al hacerme ejercer un cargo del que primero estaba escéptico e intimidado.

Dios me estaba entrenando en cada área del departamento de reclamaciones. ¡Él se las arregló para transformar un error que yo había cometido a una bendición! Ubicándome de manera que yo colaborara con diferentes departamentos, pude aprender mucho en preparación para el futuro. Dios, como siempre, estaba en control, aunque yo no entendiera el proceso en ese momento. El trabajo estaba bien, pero el resto era un caos.

Aún cuando Dios continuaba bendiciéndome en mi trabajo, mi vida hogareña con Michelle era complicada y difícil. Con ambos trabajando (una decisión que yo creo tomaríamos de manera diferente hoy día) y activamente envueltos en el ministerio de la iglesia, nuestros hijos tenían que ser transportados a programas para después de la escuela. Sorprendentemente, los niños estaban bien, pero la vida familiar era tensa. No hay duda alguna que Dios era el pegamento que nos mantenía unidos. Él era misericordioso y nos bendecía, aunque mi vida espiritual también se tambaleaba.

Las oraciones no se veían por ningún lado. Usted podría decir que yo estaba pasando por un momento de sequía. Estaba llegando al final de mi tiempo con el Ministerio *Raven* y entrando en una temporada de simplemente sentarme en los bancos de la iglesia, y porque las cosas no habían salido como yo pensé que saldrían, me desilusioné un poco con el ministerio de la iglesia.

Pensaba, "¿Cuál es el propósito de todo esto?" Aunque todavía quería ser usado por Dios y servirle, me preguntaba si realmente podría hacerlo y si mi vida podía llegar a ser algo algún día. En muchas maneras, adopté una posición externa de fe que no tenía una realidad interna.

Mirando atrás, la única manera en que pudimos sobrevivir aquellos días fue por la gracia de Dios. Él era misericordioso y fiel a mi familia y a mí, y nos llevó de la mano en cada paso del camino.

Durante esta difícil temporada de mi vida, me aferré a la promesa que el Señor me enseñó en Isaías 54:4-5, 13-15 "No temas, porque no serás avergonzada. No te turbes, porque no serás humillada. Olvidarás la vergüenza de tu juventud, y no recordarás más el oprobio de tu viudez. Porque el que te hizo es tu esposo; su nombre es el SEÑOR Todopoderoso. El SEÑOR mismo instruirá a todos tus hijos, y grande será su bienestar. Serás establecida en justicia; lejos de ti estará la opresión, y nada tendrás que temer; el terror se apartará de ti, y no se te acercará. Si alguien te ataca, no será de mi parte; cualquiera que te ataque caerá ante ti."

Me uní a un grupo de oración en el trabajo, llamado Génesis. Ellos se reunían cada miércoles e invitábamos a todos los compañeros a que vinieran y se nos unieran. En poco tiempo teníamos veinte personas que asistían consistentemente.

Durante este tiempo, el Departamento de reclamaciones recibió a un VP Superior. El nuevo VPS quería trazar un curso nuevo para la compañía y rápidamente me di cuenta que él era cristiano. Él oyó de nuestras reuniones y aunque era un ejecutivo de alto nivel, y fraternizar con empleados de nivel inferior no era promovido, eso no le impidió a asistir al grupo de vez en cuando. Empezó a venir frecuentemente y los empleados sindicales que asistían a nuestras reuniones estaban emocionados de que alguien de tan alto rango se uniera.

Cada año el grupo Génesis programaba un servicio religioso, seguido por una cena compartida donde se invitaba a familiares y amigos a disfrutar. Ese año me pidieron que yo fuera el predicador invitado.

El grupo había estado tratando de encontrar espacio en una iglesia para efectuar el servicio, así que contacté a un amigo de la infancia que era miembro de la Iglesia Calvario, un grupo Hispano en la calle 47 oeste, entre las avenidas 9 y 10. Allí me dieron el permiso para usar el espacio. Era un lugar que yo quería evitar, un lugar donde yo había hecho muchas cosas malas, por así decir. De hecho, la ironía era que, muchos años antes, yo había sido arrestado justo frente a esta iglesia.

Mientras me preparaba para predicar un sermón al grupo, sentí que Dios quería que yo compartiera mi testimonio – cada detalle. Luché mucho contra esto. "Señor, ¿estás seguro?" Me mantuve preguntándole a Él. En aquel momento, nadie en la compañía realmente sabía nada de mi vida. Todos me veían como Héctor Vega, un supervisor en la gerencia, parte del grupo de oración, y un cristiano. De hecho, muchas de las personas que venían al grupo trabajaban bajo mi supervisión.

Llegó el día del servicio y la cena. Cuando llegué a la iglesia, vi que el vicepresidente superior había venido a la reunión y estaba sentado en la primera fila. Hablé una vez más con Dios, preguntándole, "¿Estás seguro, Señor, quieres que yo comparta esto?"

¿Había entendido Dios que todos, incluyendo un miembro de los jefes de la compañía, iban a saber todo sobre mi vida? Pero el Señor no vacilaba – yo sabía que debía continuar adelante con mi historia. Mi texto bíblico estaba en Isaías 61, que habla de cómo Dios nos da coronas en lugar de cenizas. Les hablé de mi vida – que en un momento dado yo hasta había sido arrestado a las puertas de esta misma iglesia. El Señor me permitió compartir mi historia completa, dejando las bocas abiertas por lo que Dios había hecho en mi vida. Dios, cumpliendo siempre sus promesas, ¡hizo que el servicio fuera un éxito! El testimonio y la prédica estimularon grandemente a los que asistieron.

El VP Superior se me acercó y me dijo, "Sabes algo Héctor, yo no sé qué habría hecho si hubiera estado hoy en tu lugar. Necesitaste mucho valor, y voy a rogar a Dios que te bendiga por ello."

Como un mes después del evento, me ascendieron al puesto de Gerente de departamento. Había más personas con mayor educación académica, más entrenamiento y más experiencia que yo, pero mi jefe decidió que yo era el indicado para la plaza de liderazgo.

Dios había escogido bendecirme por hacer las cosas a Su manera – por ser honesto en mi testimonio, y por obedecerlo a Él. Me hizo recordar el hecho de que los ascensos no vienen del este o el oeste, sino del Señor…Pero siempre hubo pruebas y sufrimientos.

Unos pocos años después de mi promoción a gerente, en 2009, fui a un viaje misionero a la tierra de Egipto (este no era mi primer viaje misionero). Durante este tiempo, mi jefe, el señor González, estaba en el proceso de ser ascendido. Se le pidió que recomendara a alguien que podría tomar su lugar como director. Y el señor González me escogió a mí.

Mientras yo estaba en Egipto, recibí un correo electrónico del señor González que decía muy seriamente que él había estado revisando mi trabajo mientras yo estaba fuera. Me informó que había encontrado varias discrepancias en mi trabajo y que él iba a descomponer todo el departamento para encontrar a alguien que lo arreglara.

No me molesté en contestarle ya que yo estaba de viaje y realmente no podía hacer nada hasta que regresara al trabajo. Decidí tomarlo todo con calma, pero de repente recibí otro correo. El señor González me escribió para decirme que yo podría arreglar mis propios errores cuando regresara como el nuevo Director de la División de Reclamaciones.

¡No hay cómo detener a Dios! En los dieciséis años que trabajé para *GHI*, Dios continuó guiándome en la compañía, en los departamentos, y en mi vida, para traer gloria a Su nombre.

LEVANTÁNDOME DE ENTRE LAS CENIZAS

1. ¿Alguna vez has tomado una decisión impulsiva sin comprender completamente cuál sería el impacto en ti y en tu familia? Por favor explica.

2. En la raíz, ¿cuál fue la motivación de Héctor para renunciar a un puesto corporativo por una oportunidad incierta e indefinida con la iglesia?

3. Debido a la impulsividad y a la percepción defectuosa de Héctor, él siempre estaba mirando más allá del valor de su asignación actual en el trabajo a algo que estaba más adelante, provocándole inquietud y descontento. ¿Alguna vez has estado en una situación similar, pasada o presente? Explica cómo eso afectó tu visión del mundo y tu bienestar mental, emocional y físico.

4. ¿Qué podría haber hecho Héctor de manera diferente al tomar la decisión de dejar su trabajo? ¿Hay lecciones que puedes aplicar a tu propia vida al tomar decisiones importantes?

5. Al mirar hacia atrás, reconocemos que George y Tom fueron fundamentales para identificar las fortalezas de carácter y las habilidades de liderazgo en Héctor que él no se había dado cuenta que poseía. ¿Tienes actualmente, o has tenido personas en tu vida que han identificado o señalado fortalezas de carácter y habilidades de liderazgo en ti? Por favor explica.

12

UNA NUEVA SENSACIÓN

Desde los primeros días predicando en el ministerio de la prisión, en los viajes misioneros, y en el grupo Génesis, el Señor me llevó a través de una serie de eventos que fueron como ladrillos de construcción para Su llamado en mi vida. Yo no sabía cómo ni cuándo Dios realizaría Su plan. Un día, Dios me hizo saber con claridad que ya era hora de empezar a alinearme a Su propósito para que yo estuviera en el ministerio.

Y todo comenzó con un sueño...

Un sueño. En enero de 2002, el Pastor Carter Conlon de la Iglesia *Times Square*, llamó a toda la iglesia a un ayuno de tres días. Durante el segundo día de dicho ayuno, tuve un sueño.

En el sueño, yo estaba enfrente de la Iglesia *Times Square* parado con Max, el líder del Ministerio *Raven*. Max entró a la iglesia y el Pastor Carter se me acercó y preguntó si yo había visto a Max. Le dije que él acababa de entrar. Entonces el Pastor Carter me miró y me preguntó, "¿Cómo te va?" Yo le contesté, "Me va bien."

Él me tocó en el hombro con su mano derecha y me dijo, "Prepárate para predicar."

Yo me quedé allí asombrado, sin saber qué decir. Él entró, y yo entré detrás de él. Era un servicio nocturno, y el Pastor Carter subió al escenario y anunció que esa noche habría un predicador invitado: Héctor Vega.

Yo no recuerdo si hablé o no en el sueño porque un par de personas se levantaron de los bancos, y había cierta conmoción sobre el hecho de que el pastor Carter me había invitado a predicar. De hecho, algunos en el público estaban protestando porque había varios otros más calificados que yo para hacerlo. Yo estaba perplejo por todo eso y de alguna manera sentí que algunos no estaban contentos porque sentían que habían asistido a la Iglesia *Times Square* por más tiempo, o estaban más preparados para hablar. O sea, ¿quién era yo? Recuerdo que me dirigí al pastor y le dije, "Si usted quiere, yo puedo regresar en otro momento." La escena en el sueño cambió y ahora se me pedía que subiera al cuarto piso para reunirme con el Pastor Carter para una tarea particular. Me desperté y le conté este peculiar sueño a Michelle. Ella odiaba que la despertara temprano, pero yo tenía que contarle este sueño a alguien.

Mi primer paso para cumplir este llamado de Dios en mi vida ese año fue salir al mundo con miembros de la iglesia y servir en el campo de las misiones. Fui en mi primer viaje de misión con la Iglesia *Times Square*, a México. Durante el primer o segundo día del viaje, fuimos a un pueblo donde el Pastor Rick Hagan (un pastor de *Harvest*

Evangelism que dirigía los equipos) había estado ministrando y había reunido a personas de toda la comunidad.

El Pastor Rick me llamó y me dijo, "Héctor, quiero que tú consigas personas que testifiquen y participen en la adoración. Quiero que prediques en español."

A causa del sueño que había tenido, yo había sentido la necesidad por el Espíritu de pasar más tiempo sentado a los pies de Dios – estudiando la Palabra de Dios y orando – y preparando mensajes que el Señor comenzó a darme. Había permanecido estudiando profundamente la Biblia por un período de tiempo para poder escribir los sermones que Dios estaba colocando en mi corazón para que los compartiera con otros.

La primera noche el Señor me dio un mensaje y varias personas respondieron al llamado al altar. Un hombre de Alabama, Roy Busby, dijo, "Yo no sé lo que dijiste, pero por poco voy al altar sólo para asegurar mi salvación. "Pareces un gallo de pelea allá arriba." Sus palabras realmente me motivaron y confirmaron que el Señor había hablado a través de mí.

Esa semana, el Pastor Rick me tomó bajo sus alas y me contó cómo el Señor le hablaba a él preparando sus mensajes. Me enseñó que yo necesitaba estar listo y flexible – que yo tenía un llamado a predicar en mi vida. De hecho, el Pastor Rick confirmó muchas cosas que el Señor ya me había dicho.

Nigeria Luego, ese mismo año, yo iba a participar de un viaje misionero a Nigeria. Era costumbre en la Iglesia *Times Square*, que los que deseaban ir en uno de los viajes, primero fueran entrevistados por el Departamento de misiones. Allí dos damas me entrevistaron.

Una de ellas, Fayette, me preguntó, "¿Cuáles crees que son tus dones y tu llamado?"

Hice una pausa momentánea, y le dije, "Yo creo que Dios me está llamando a predicar."

Fayette frunció el ceño, mientras me miraba de arriba a abajo. "Bueno, yo no creo que vas a tener una oportunidad de hacer eso en este viaje," me dijo.

Le contesté, "Yo no voy a Nigeria a predicar. Voy a servir a Dios y a pedirle que se glorifique en mi vida." Ella se sonrió y me dijo, "Te lo estoy diciendo porque mucha gente viene a menudo con agendas escondidas." Entendí y aprecié completamente la franqueza de Fayette.

Llegamos a Jos, Nigeria, y como cuarenta de nosotros fuimos a una prisión a ministrar a los presos. Mientras nuestro equipo médico atendía las necesidades físicas de los encarcelados, el resto de nosotros fuimos a la capilla para participar en el servicio religioso. Había más de cien presos esperando en la pequeña capilla.

Fayette estaba en nuestro equipo y vino a mí llena de pánico. "¿Sabes dónde está Glenda?", me preguntó. Le dije, "No. ¿Hay algún problema?"

"¡No tenemos a nadie que predique!', me contestó, y después de un momento me miró y me dijo, "¡Oye! ¿Crees que tú puedas predicar un mensaje?"

Ambos nos reímos – sabiendo la ironía de que a pesar de todo Dios encontró una manera para que yo predicara durante este viaje misionero. Era un recordatorio más de que Dios está siempre en control.

Hablé como cinco minutos sobre el Evangelio de Jesucristo. Recuerdo pensar que no fue un mensaje muy elocuente. Realmente, pienso que no lo hice muy bien. Me senté después de los cortos comentarios y mensaje, y la gente comenzó a mirarse preguntándose qué estaba pasando. Me pidieron que volviera e hiciera un llamado al altar. Mi llamado fue simple, "¿Hay alguien que quiera a Jesús?"

Para mi sorpresa, muchos respondieron y vinieron al frente para dar sus vidas a Aquél que dio la suya por ellos.

Desde ese momento, he tenido el privilegio de viajar por todo el mundo para compartir las buenas noticias sobre nuestro amoroso Salvador. He estado en Burundi, Grecia, Cuba, Marruecos, Argentina, India, Egipto, Suiza, Francia y Colombia. La mayoría de estos viajes han sido edificantes en el sentido de que me permitieron la oportunidad de desarrollarme y crecer, primero como cristiano y después como una persona en entrenamiento para el ministerio. Fui bendecido en cada uno de esos viajes. Hay muchas historias y símbolos de fe que Dios tejió en cada viaje. En cada parada hubo cosas que solidificaron mi fe para el futuro.

MOLDEANDO UNA VASIJA PARA SU USO

Como mencioné antes, está escrito en 1 Corintios 1:26-27 que Dios a menudo usa "lo necio del mundo…para avergonzar a los sabios"; en el versículo , dice, "Hermanos, consideren su propio llamamiento: No muchos de ustedes son sabios, según criterios meramente humanos; ni son muchos los poderosos ni muchos los de noble cuna."

Dios a menudo usa los menos probables – los que no son nadie – y los usa en maneras formidables. Eso es esencialmente lo que el Señor escogió hacer conmigo. Yo soy un testimonio viviente del poder de Dios para hacer lo que la mayoría de nosotros diría que es impensable.

A fines del 2007, la Iglesia *Times Square* empezó una clase pequeña llamada: Programa de práctica para ministros (MIP por sus siglas en inglés). No sé todos los detalles de por qué la empezaron, pero fue como enviada por Dios para mí.

El Señor me puso en una clase con uno de los miembros del personal pastoral de la iglesia, el Pastor William Carroll, quién desde entonces ha sido un mentor para mí. Mientras participaba en las clases, quedé maravillado – y me asombró que hubiera tanta gente que yo admiraba, muchos de ellos técnicamente más calificados que yo para ser ministros. Había personas con mayor formación académica que yo, personas que habían hecho menos cosas malas que yo en su vida, y gente que había estado sirviendo en la iglesia en un ministerio por más tiempo. Pero el Señor, una vez más, vio conveniente volver a abrirme una puerta. La clase no era una invitación a las personas a que vinieran a hacerse pastores, ni era una invitación para que los predicadores vinieran a aprender a predicar. Era una invitación para que vinieran, se sentaran y escucharan.

Era un momento para llegar a conocer a Jesús de una manera diferente; para dejar a Dios hacer lo que Él quería. Nuestro papel era asistir a las clases y aprender a cómo leer la Biblia de una manera algo diferente. Allí no había diplomas ni promesas de ningún puesto.

Supe instintivamente que yo estaba donde Dios quería que estuviera. Los temas de las clases empezaron a retarme como cuando el "hierro afila al hierro". También tuve la oportunidad de desarrollar más amistades con algunas de las personas en la clase. Estos amigos resultarían ser esenciales y fructíferos para el futuro ministerio que Dios tenía planeado.

LA IMPORTANCIA DE MELIA, MARRUECOS

En el 2008, Michelle y yo decidimos visitar a un amigo nuestro llamado César. Años atrás, habíamos conocido a César en un viaje misionero a Cuba, adonde él viajaba con frecuencia para ministrar. En uno de sus viajes de regreso a los Estados Unidos, estando en su casa, él se sintió dirigido a un pequeño lugar llamado Melia. Dejó su trabajo y su apartamento y se mudó a Marruecos, donde Dios comenzó a hacer cosas milagrosas. Para cuando nosotros llegamos, él ya tenía tres congregaciones separadas reuniéndose en su iglesia: hispanos, musulmanes convertidos a Jesús y refugiados de Sudán. Tuvimos un viaje maravilloso. Vimos el país, vimos el trabajo, y nos enamoramos de la gente de Marruecos.

Una cosa curiosa sucedió durante nuestro regreso a casa. Michelle y yo fuimos a la Iglesia *Times Square*, como hacíamos normalmente, para asistir al servicio nocturno de los martes. Tan pronto llegamos, un sentimiento extraño me inundó. Al principio yo no podía realmente identificar lo que estaba pasando. La Iglesia *Times Square* era mi iglesia local y su gente era mi familia eclesiástica. Pero aún así, me sentí en aquel momento como raro o desconcertado. Me volví hacia Michelle y le pregunté, "¿Estás teniendo la misma sensación que estoy teniendo?" Ella me miró y me dijo, "¿Por qué? ¿Qué tipo de sensación estás teniendo?"

Yo no podía precisarlo. Finalmente le dije, "Me siento como que…como que estamos aquí de visita, en lugar de estar asistiendo a nuestra iglesia."

Michelle estuvo de acuerdo conmigo. Ninguno de los dos podíamos entender por qué de pronto nos sentíamos visitantes en nuestra propia iglesia.

Varias semanas después recibí una llamada del Pastor César, preguntándome si yo podía viajar de regreso a Marruecos para encargarme de la iglesia por él. Se le había pedido ir a hablar con misioneros en comunidades musulmanes de cómo alcanzar a la gente musulmana. Pastor César quería que yo dirigiera la iglesia como pastor sustituto mientras él viajaba a la conferencia. Yo nunca había oído algo igual. De hecho, mi única memoria de sustitutos eran los maestros; y eso nunca terminaba bien. Peor aún, yo no era un pastor y nunca había considerado servir en esa capacidad. Predicar un mensaje y ser un pastor son dos llamados diferentes. Pensar en ser responsable por la vida espiritual de las personas era algo enorme. Sin embargo, después de recibir permiso de mis líderes de ministerio, fui a Marruecos y ayudé al Pastor César…y agradecí a Dios que no pasó nada desastroso.

Poco después de regresar de Marruecos, se me pidió que ofreciera un testimonio en el Ministerio de Prisiones en la Iglesia *Times Square*, donde había estado sirviendo ya por bastante tiempo.

Compartí un poco de mi vida y de algunas de las cosas recientes en las que el Señor me había estado usando. Una de las últimas cosas que compartí fue cómo se me había dado la oportunidad de servir en el papel de pastor sustituto en Marruecos. Hice claro al equipo que yo no tenía deseos ni esperanza de ser un pastor y no me podía ver a mí mismo como uno. Las realidades y el peso de la responsabilidad que conlleva el pastorado se habían hecho más claras para mí y ahora yo veía al Pastor Carter Conlon bajo una nueva luz. ¡En cuanto a mí, el trabajo del Pastor Carter estaba seguro! ¿Qué rayos está pensando Dios?

En enero de 2009, el mismo año en que fui ascendido a Director del Departamento de reclamaciones en *GHI*, el Departamento de misiones de la Iglesia *Times Square* me pidió que liderara un pequeño equipo de personas a Egipto para llevar la Palabra de Dios al pueblo egipcio. Al prepararnos para el viaje, se nos pidió que asistiéramos a un servicio en *East Harlem Fellowship* para ministrar a una pequeña congregación. Fue en Harlem donde primero conocí al Pastor Iván Ríos. Tuvimos una buena conversación y parecía que nos llevamos bien. La iglesia se reunía en un pequeño sótano de un edificio. No había ningún atractivo, nada extraordinario.

Pocas semanas después recibí una llamada del Pastor Iván pidiéndome que volviera el domingo de Pascua como predicador invitado.

De nuevo sentí algo de pánico porque la Pascua es un día grande en el calendario de la iglesia, y ya estábamos en la tarde del Miércoles de Ceniza. Sin embargo, de alguna manera sentí que debía contestar que sí y predicar en la Pascua. Regresé a hacerlo a *East Harlem Fellowship*.

Después de ese domingo, la misma semana, recibí una llamada para una reunión con Treg McCoy, el Director de Misiones en la Iglesia *Times Square* y con el Pastor Iván.

Treg me dijo que el Pastor Iván estaba dejando su puesto y el liderazgo de la Iglesia *Times Square* había decidido que yo debería ser nombrado el pastor de la *East Harlem Fellowship*. Me quedé frío al principio, tratando de comprender lo que se me estaba pidiendo. Pensaba para mí, ¿cómo seleccionaron mi nombre para este puesto? Yo no lo había solicitado y mi currículum no era tan bueno – ellos tenían que estar fumando algo raro. Me sentí agradecido por ser considerado para ese rol, pero también sentía miedo. Mi mente corría. ¿Cómo podría yo hacer esto? Yo nunca había ido a un seminario. ¿Qué iba a hacer? Hacía pocos días que yo había dicho en el Ministerio de Prisiones que esto no era lo que yo quería para mi vida. Después de todo, pastorear no es lo mismo que ser un evangelista. Uno tiene que predicar cada domingo y durante la semana a las mismas personas y yo sólo tenía dos sermones en mi maletín. ¿Qué rayos iba yo a hacer o decir las otras 50 semanas? Le expliqué a Treg que yo necesitaba orar por esto y discutirlo con Michelle porque sabía que era un llamado para la familia entera. Era un llamado para todos nosotros a dar nuestras vidas. Eso pediría un sacrificio a nivel familiar.

Ese momento también me produjo un sentir de admiración y reverencia, ya que Dios es el que posiciona a las personas en ciertas circunstancias. Lo más impresionante de todo era que yo no había solicitado para el puesto pastoral en *East Harlem Fellowship*. Ni siquiera tenía conocimiento que la posición iba a estar disponible. Era totalmente el Señor quien me estaba nombrando y decidiendo la hora y el lugar. Esa noche tuvimos una reunión de la familia Vega donde le preguntamos a los niños si yo debería aceptar esto. Nicolás, mi hijo mayor, se encogió de hombros y dijo, "Yo no sé". Josiah, el hijo del medio, exclamó, "¡No papá, no lo hagas! Yo no quiero ser un hijo de pastor. Yo no quiero que la gente esté esperando que yo actúe de cierta manera y no quiero dejar la Iglesia *Times Square*." Finalmente, el menor, Seth, me dijo, "Hazlo, Papá."

Después de orar y deliberar, Michelle y yo tomamos la decisión de aceptar el llamado de Dios. Me convertí en el pastor de *East Harlem Fellowship*. El Pastor Iván había hecho el anuncio a la congregación durante el servicio del Día de las Madres en el 2009, y he sido el pastor de esa iglesia hasta el día de hoy.

El domingo siguiente tuvimos un encuentro con algunas famosas y gigantescas ratas de la ciudad de Nueva York dentro de la iglesia y yo me decía, "¿En qué pensaba cuando acepté esto?"

EL FRUTO DE LA OBEDIENCIA

Desde que tomé la decisión de obedecer el llamado que Dios puso en mi vida – para convertirme en el pastor de *East Harlem Fellowship* – lo he visto hacer lo milagroso en la congregación que Él está levantando, y de paso en mi vida.

Han habido incontables milagros que han sucedido desde que el Señor capturó mi corazón y transformó mi vida, todos esos años atrás. Y aunque el proceso no ha sido fácil, mi vida y la vida de Michelle, han servido como un testimonio del poder de Dios – y que nadie, y recalco, nadie, está fuera del alcance de Dios.

Hoy, *East Harlem Fellowship* es una congregación creciente que ofrece numerosos servicios a todo el mundo. Con una congregación formada por personas de muy diversos trasfondos socioeconómicos y culturales, *East Harlem Fellowship* tiene un brillante futuro con muchas metas para penetrar profundamente en la comunidad y servir a un nivel más poderoso.

Michelle y yo dirigimos la iglesia, que sirve a la comunidad de East Harlem a través de grupos en la comunidad que incluyen el ministerio "Café con Leche", el equipo de trabajo evangelístico en la calle, el club de mentores de escuela superior en una escuela pública, y eventos como el *Freedom Fest* y *Rock the Block*, unas ruidosas y bulliciosas fiestas en las calles que proclaman a Cristo como Señor y Salvador a través de música, comida y pintura facial. Hemos empezado a apoyar comunidades globales con nuestros viajes misioneros, enviando equipos a países como Grecia, las Filipinas, Marruecos, Cuba y Puerto Rico.

Aunque la iglesia *East Harlem Fellowship* ha continuado trabajando con su congregación madre, la Iglesia *Times Square*, Dios ha realizado milagros que aseguran que esta congregación que ha crecido rápidamente en Harlem puede continuar creciendo por sí sola.

En enero del 2013, en respuesta a la creciente congregación, el Señor proveyó un local mucho más grande para la iglesia. En otro giro irónico que sólo Dios hace posible, recientemente se nos concedió la bendición de ministrar al departamento local de policía a través de banquetes de apreciación. ¿Quién iba a pensar que Héctor Vega estaría un día ministrando al Departamento de policía? Un día hasta se me pidió que participara en una reunión nominal de la Policía. ¿Puede usted creer eso? ¡Solamente Dios!

Ha sido una bendición ver lo que el Señor ha hecho en mi vida, en las vidas de los miembros de mi familia y dentro de la iglesia en que sirvo.

UNA NUEVA SENSACIÓN

1. ¿Alguna vez has tenido una experiencia que te ha llamado la atención (una conversación, una película, un sueño, etc.) que te hizo reconsiderar tus elecciones de vida? ¿Cómo respondiste a esa experiencia?

2. ¿Cómo respondió Héctor a su sueño?

3. ¿Cómo sabía Héctor que estaba llamado a predicar? ¿Cómo se preparó para ello y cuál fue el fruto de su obediencia?

4. Hay un dicho: "Es más fácil conducir un automóvil en movimiento que a uno estacionado". Por favor, explica esta afirmación. ¿Cómo se aplicaba a la vida de Héctor? ¿Cómo se aplica a la tuya?

5. ¿Cuál es la respuesta adecuada o tu responsabilidad cuando se te ha revelado un llamado superior, o se han identificado talentos y/o dones para un propósito mayor?

13

SOY UN DON NADIE TRATANDO DE DECIRLE A TODOS ACERCA DE ALGUIEN QUE PUEDE CAMBIAR A CUALQUIERA

"No me escogieron ustedes a mí, sino que yo los escogí a ustedes y los comisioné para que vayan y den fruto, un fruto que perdure." Juan 15:16

3 de abril de 2016 – Día de mi Ordenación – Siete años en preparación e irónicamente sucede durante el año del Jubileo judío.

Estoy de pie en el púlpito de la Iglesia Times Square, el lugar donde algunos de los mejores predicadores del mundo se han parado a predicar. Es un momento emocionante y surreal. En un segundo, un millón de pensamientos corren por mi mente.

La improbabilidad de que yo estuviera parado allí era sobrecogedora ya que muchos años antes de ese día, yo pasé por las puertas de esa iglesia, destrozado, atado por las drogas y sin esperanzas.

Recordé el día a principios de los 1990 cuando yo estaba sentado en la galería con mi novia, Michelle. Recuerdo haber oído el sermón y sentir que el predicador parecía tener la habilidad de oír y hablar con Dios. Pensé que quizás él podría hablarle a Dios en mi favor y conseguir que se desapareciera el caso en la corte que pesaba sobre mí. ¡Eso me pareció una gran idea! O sea, algunos van con un médico brujo, ¿por qué yo no podría ir donde el predicador? No tenía nada que perder.

Su nombre era Pastor David Wilkerson, y en esos días sus sermones eran como fuego y azufre y me tocaron profundamente. Le mencioné a Michelle que quería ir detrás del escenario y pedir que oraran por mí. Ella me dijo que debido a las medidas de seguridad no me dejarían ir allá atrás. Le dije, "No te preocupes, yo sé cómo pasar entre esas cosas." Llegué al Pastor Dave y le pedí que orara por mí para que mi caso en la corte fuera anulado. Él me miró con ojos de profeta, que parecían traspasarme y ver mis pensamientos. Me dijo, "Hijo, ¿estás buscando a Jesús con todo tu corazón?" Hice una pausa y le respondí, "¿A Jesús?, no. Estoy aquí para que mi caso sea anulado." Su mirada parecía como si supiera algo que yo no sabía. Y me contestó, "Hijo, si no estás buscando a Jesús, no voy a estar de acuerdo con esa oración. Voy a orar para que Jesús tome tu corazón y tú le sirvas a Él." Salí de allí mudo de asombro y balbuceando según me alejaba. "¿Qué clase de iglesia es esta? Ni siquiera oran por ti." Pero el encuentro eventualmente me hizo saber que Jesús era algo serio y no un médico brujo o cualquier otra cosa que yo conociera.

Y aquí estoy parado, mirando sobre un público que sobrepasa a dos mil personas que están esperando oírme compartir un poco de mi jornada con Dios. Estoy nervioso y mi boca está seca. Recuerdo los errores cometidos en el camino, pero también los éxitos y las veces que Dios me rescató del abismo. Las emociones penetran y tratan de sobrepasar mi compostura, pero las combato.

Instintivamente reconozco que estoy frente a una nueva bifurcación en el camino. Un cruce. El camino ante mí se pondrá un poco más estrecho. Siento una voz en mi espíritu diciéndome "sube más alto y entra más profundo."

Mientras el Pastor Carter se pone de pie para encomendarme, orar por mí y decir palabras sobre mí, él dice, "Es irónico: ¡aquí está un ex-policía ordenando a un ex-convicto! ¡Sólo Dios puede hacer esto!"

Se me encomienda buscar el liderazgo y el empoderamiento del Espíritu Santo, porque voy a necesitar la fortaleza de Dios ahora más que nunca. Se me encomienda poner en práctica la Palabra de Dios y dejar que mi vida se convierta en una demostración viva de ella.

Oigo, en sus palabras, la confirmación de lo que estoy sintiendo; ya no estaré llamado a asuntos civiles, el mundo de los negocios, etc. Estoy estrictamente encargado a ser un predicador y pastor y a entregarme, sacrificialmente y con todo mi corazón al trabajo de Dios, Su liderazgo y Su provisión .

Mirando hacia el milagroso poder de Dios, tengo que decir que si Él se hubiera limitado a limpiarme y dejarme sobrio, eso hubiera sido mucho más de lo que yo merecía. Si Él simplemente hubiera decidido sanarme de mi rampante abuso de drogas y darme el regalo de la salvación, hubiera sido más que suficiente.

Pero Él no se detuvo ahí.

Él me ha dado mi familia. Tengo una asombrosa y divina esposa y tres maravillosos hijos. Es más, al momento de escribir esto, Michelle y yo hemos celebrado 23 años de matrimonio. Y aunque pienses que Dios me salvó, me limpió, y todos vivimos por siempre felices – todavía lucho con sentimientos de incapacidad e inseguridad como esposo, padre, y pastor. Mientras tengamos vida en este mundo, siempre habrá pruebas y altas y bajas. El enemigo de nuestras almas no descansa tratando de disuadir o descarrilar a los hijos de Dios. Pero eso es parte de ser heredero de un Rey. Mientras uno tenga a Dios en su vida, no importan las dificultades, pruebas o circunstancias…usted no caerá envuelto en llamas. El Señor usa las dificultades para moldearnos en el hombre y la mujer que Él quiere que seamos. Nada es desperdiciado cuando se trata de Dios obrando en nuestras vidas. Uno de los dichos favoritos de mi niñez es, "Si estás en el patio de la escuela y tal parece que el adversario te va a tumbar, mejor es caer tirando golpes. No te atrevas a llegar a casa sin haberte defendido en una pelea."

Va más allá de toda comprensión que Él haya escogido confiar en mí como Su representante en esta tierra para que le enseñara Su Palabra a otras personas. Él me escogió para dirigir a Su gente a crecer en la fe, a servirles en su diario vivir y a servir a otros a través de Su amor. Fui escogido para ser un ejemplo de quién es Dios y lo que Él representa en la tierra. Soy una de las personas que Dios ha escogido para ayudarle a proteger Su más preciada posesión – Su iglesia, Su novia, la niña de Sus ojos.

Aún para un pastor las cosas pueden ponerse difíciles. Puede ser una vida solitaria sin importar cuántas personas estén a tu alrededor. A veces yo miro a las personas que estoy dirigiendo y busco pistas en su caminar de que mi servicio a Dios, y Su ministerio, están actualmente produciendo frutos. A veces todo lo que veo es la lucha del diario vivir. ¿Te has sentido de esa manera alguna vez? Por supuesto que sí – a todos nos pasa; ricos o pobres, educados o no educados, gente de todos los colores y familias de diferentes orígenes. Es precisamente, en tiempos de luchas que podemos salir hacia adelante sabiendo que nuestro trabajo para el Señor nunca es en vano.

Muy a menudo no vemos el fruto delante de nosotros porque se está desarrollando en los corazones de las personas. Les digo esto porque es importante comprender que nuestras vidas como cristianos no son fáciles, pero el camino a seguir está decididamente bendecido. Y servimos a Dios porque queremos servirle a Él, no porque queramos ganar gloria en esta vida y tampoco por las bendiciones, sino porque Él es digno y así lo merece. Dios nos mantiene humildes – especialmente a aquellos que Él ha llamado a un ministerio a tiempo completo. Y eso es algo bueno. La humildad nos protege de nuestro ser pecaminoso y asegura el bienestar espiritual de aquellos que buscan una dirección en nosotros.

El Señor me ha cambiado y me ha transformado de ser un miserable adicto a las drogas a ser un hombre de Dios – un imperfecto hombre de Dios, pero un hombre de Dios, al fin y al cabo. Yo tengo la garantía de que TODO lo que suceda en mi vida sucederá para bien – Dios lo usará para moldearme en el hombre que Él quiere que yo sea, y me permitirá el honor de ayudar a traer Su gloria.

¡Él me escogió! Todavía me cuesta trabajo procesar eso mentalmente. Lo que más me asombra de nuestro maravilloso y misericordioso Dios es que a pesar de todo esto – a pesar de todo lo que Él ha hecho – morir en la cruz por mis pecados, salvarme de mi adicción a las drogas, darme mi familia, mi carrera, y ministerio – Él continúa haciendo milagros. Él continúa escribiendo capítulos en mi vida.

En 2015, fui seleccionado para dirigir una misión a personas sin hogar en Newark, Nueva Jersey, cerca de donde me uní por primera vez al Programa Génesis. Ese ministerio había estado teniendo algunos problemas y necesitaba algo de estabilidad. Fui nombrado Director Ejecutivo/*CEO* de este espléndido ministerio llamado *Goodwill Rescue Mission*. Ha sido una misión cristiana por 120 años. Soy responsable del desarrollo personal, profesional y espiritual de 20 empleados; de la solvencia financiera y la integridad de la misión; el desarrollo de asociaciones estratégicas y de la colaboración con empresas y otras organizaciones comunitarias sin fines de lucro; y de asegurar que los hombres en nuestro programa de transición cumplan sus metas, marcas de logros, y se conviertan en miembros productivos de la sociedad, restablecidos con sus familias y vida independiente.

Servimos más de 225 comidas diarias a hombres, mujeres y niños. Albergamos a 43 hombres todas las noches, y en el invierno, la cifra puede llegar a 80 por noche. Todas las noches tenemos servicio de capilla donde los desamparados pueden encontrar fortaleza, ánimo y esperanza en Jesús.

Es sorprendente – yo nunca pensé que estaría vivo y mucho menos haciendo este trabajo. Pero como dice en la Carta del Apóstol Pablo a los Efesios (3:20-21): "Al que puede hacer muchísimo más que todo lo que podamos imaginarnos o pedir, por el poder que obra eficazmente en nosotros, ¡a Él sea la gloria en la iglesia y en Cristo Jesús por todas las generaciones, por los siglos de los siglos! Amén."

Lo que Jesucristo ha hecho por mí, ¡Él puede hacerlo por TI! ¿Estás listo para vivir una vida diferente – la vida buena? Por favor ora conmigo dondequiera que estés en este momento. La Palabra de Dios dice que todo el que invoque el nombre del Señor será salvo.

Puede que te estés preguntando, "¿De qué estoy siendo salvado?"

Yo sé que muchos de ustedes que leen este libro ahora se sienten quebrantados y como que la vida los ha dejado atrás. Puedes sentirte como que has llegado a un punto donde no hay regreso. Tu vida se siente como un desorden enredado que nunca podrá desenredarse. Pero yo soy un testimonio vivo de que nunca es tarde para hacer un cambio – tu esperanza está en Dios porque Él puede enderezar el caos que es tu vida. Quizás puedas admitir que sientes un deseo profundo – un vacío en tu vida que nunca ha sido satisfecho con drogas, clubes, hombres, mujeres, dinero, etc. O quizás seas exitoso en tu vida, hayas alcanzado un puesto profesional, independencia financiera, y disfrutas de una carrera perfecta, y sin embargo, aún así, tristemente te sientes inadecuado e insatisfecho.

Quizás tú, como yo, puedas ser honesto y decir, "Yo le he causado mucho dolor a muchas personas a través de los años y he hecho cosas de las cuales no me enorgullezco – cosas que me gustaría enmendar u olvidar." Hay muchos que están leyendo este libro que no han experimentado el abuso a las drogas, o ninguno de los problemas con los que yo luché y ahora describo, pero tú, sin embargo, has sentido los golpes de la vida sin tener una relación con Dios. Has cargado el peso de vivir sin un propósito o significado.

Amigo, ¿cuál es tu prisión? ¿Son las drogas, el alcohol, la ira, el sexo, la pornografía, el miedo, la amargura, la falta de perdón? ¿O es el sentimiento de que tú nunca darás la medida, el sentimiento de que nadie quiere a tu verdadero yo? Yo sirvo a un Dios que puede abrir la puerta de todas las prisiones. Él puede hacer brillar una luz en cada celda y mostrarte a cómo salir de ella.

¿Te preguntas si alguna vez podrás ser perdonado? ¿Deseas llegar a un punto en tu vida donde puedas empezar otra vez? Te tengo buenas noticias – tú puedes ser perdonado; tú puedes empezar otra vez. Jesucristo murió para liberarte. Él quiere transformarte, renovar tu mente y darte una nueva vida – una vida abundante, tanto ahora como para siempre.

¿Quieres entregar tu vida a Dios? ¿Quieres aceptar a Jesús en tu corazón para que Él se convierta no sólo en tu Salvador, pero en tu Señor por igual?

Oremos juntos.

"Señor Jesús, hoy reconozco mis fracasos, mi sensación de estar perdido y mi falta de propósito. Reconozco que he hecho cosas que no están bien – que son pecaminosas y contra Tu perfecta ley. Creo que moriste en una cruz porque Tú eras y eres el Cordero de Dios que limpia el pecado del mundo. Tu nombre es Jesús porque Tú salvarás a tu pueblo de sus pecados. Yo acepto Tu regalo de salvación gratuita y creo que Tú moriste para asegurar mi justicia, para el perdón de mis pecados, y para darme una paz que sobrepasa cualquier paz que este mundo pueda ofrecer.

Recibo Tu regalo por fe. Te doy permiso para que entres a mi vida; para que me dirijas y me guíes a partir de hoy en adelante. Quiero conocerte personalmente. No lo entiendo todo, pero quiero creer en Ti y caminar contigo. Ayúdame Señor, límpiame, dame fuerzas, sálvame, sáname y libérame de mis dudas y desesperación. Enséñame el camino a casa. Te pido esto en el nombre de Jesús. Amén."

¡Aleluya!

Mi amigo, te aliento a que busques una iglesia creyente en la Biblia y te conviertas en parte activa de esa hermandad. Eso te ayudará a crecer en tu camino con Dios, a servir al Señor, y a vivir para Él, primero que nada. Nunca te lamentarás de haberlo hecho.

Entonces, por favor comparte tu historia. Hay dos formas de hacerlo.

Puedes ir a nuestro sitio web: eastharlemfellowship.org

O enviar un correo electrónico a: pastor@eastharlemfellowship.org

Aquí puedes recibir oración, recursos, y apoyo para tu nuevo camino con Dios.

Bienvenido a tu nueva familia, la familia de Dios.

SOY UN DON NADIE TRATANDO DE DECIRLE A TODOS ACERCA DE ALGUIEN QUE PUEDE CAMBIAR A CUALQUIERA

1. ¿Alguna vez has estado en una situación en la que has tratado de escapar de las consecuencias de tu decisión o acciones? Por favor explica.

2. ¿Alguna vez fue Dios de quien buscaste alivio? ¿Qué pasó?

3. En tu revisión de la pregunta 1 y 2, ¿Dios o un individuo, como un líder o mentor, ha desafiado alguna vez los motivos de tu corazón? Por favor explica.

4. En la página 137, cuando Héctor mira a la multitud, se da cuenta que Dios ha ido más allá de su pedido. ¿Qué bendiciones ha traído Dios a tu vida, una vez que decidiste seguirle y servirle?

5. Héctor fue liberado de tantas cosas (malos hábitos, mentalidades equivocadas y elecciones de vida destructivas). ¿De qué necesitas ser liberado? ¿Crees que Jesús puede y te ayudará con esto? Ver la página 143.

EPÍLOGO: RESCATADO PARA RESCATAR

Dios me rescató por una razón. Él me rescató a través de Su divina intervención y mediante las vidas de muchas personas que me querían y se preocupaban por mí. De hecho, Dios usó a personas que también habían sido rescatadas del enemigo – personas que llegaron a conocer el amor, la gracia y misericordia de Jesucristo y el poder que se encuentra en el mensaje de las buenas nuevas (EL EVANGELIO).

El Señor nos enseña en su Palabra que, "aquel al que se le ha perdonado mucho, ama mucho" y al que "se le ha dado mucho, mucho se requiere de él." Han pasado casi tres años desde que escribí el último capítulo de este libro y este Epílogo. ¡Creo que todos podemos estar de acuerdo en que se me ha dado mucho! En esta temporada de mi vida no estoy satisfecho con sólo asistir a la iglesia los domingos. No estoy satisfecho con predicar un sermón de 3 puntos, darme palmadas en la espalda e ir a casa a disfrutar un juego de béisbol o fútbol. No estoy satisfecho (ni interesado) en buscar un salario corporativo, una casa elegante, un buen carro, o vacaciones infinitas. Es más, no estoy satisfecho con recibir un salario por hacer algo (pastorear una iglesia) que estaba dispuesto a hacer gratis a causa de un corazón lleno de gratitud.

En su lugar, siento un enorme peso, una profunda responsabilidad de pasar una antorcha encendida. Creo que hay muchos de nosotros disfrutando las bendiciones de la salvación sin tomar los riesgos de llevar el mensaje de libertad a aquellos que más lo necesitan.

He oído que durante la tragedia del Titanic, el barco más cercano estaba sólo a unas millas de distancia, pero estaba fuera de servicio. ¡Él pudo haber rescatado a todos los pasajeros del Titanic si hubiera estado en servicio! De la misma manera, hay muchos cristianos fuera de servicio, mientras muchos están sufriendo, desamparados…y la gente que está perdida necesita ser rescatada.

Así como fui rescatado por la misericordia y gracia de Dios, yo quiero dirigir un ejército de cristianos normales que realmente hagan una diferencia en las vidas de nuestro prójimo.

En la iglesia *East Harlem Fellowship*, continuamos sumergiéndonos en lo que significa Amar a Dios, Amar al Prójimo y Ser la Iglesia en una manera práctica. A través de toda la historia, las personas que caminaron cercanas a Dios fueron muchas veces enviadas a lugares difíciles para ser una luz, un testimonio de fe y esperanza. Ellos fueron enviados para ser la solución a los problemas de su comunidad y para dejar un legado a generaciones futuras. Vivimos hoy en una época donde parece que nuestras paredes, vidas e iglesias están rotas. El testimonio de la gente de Dios y su influencia pública es débil otra vez en la tierra. Creemos que la gente de Dios, "la iglesia", tiene que ser un agente transformador fuera de las cuatro paredes del templo. Ese fue el modelo de la iglesia del primer siglo. Ellos revolucionaron sus comunidades para Dios y para siempre. Oímos mucho hablar sobre el poder transformador del Evangelio. Pero yo creo que el Evangelio completo tiene implicaciones que van más allá de proclamar el mensaje de salvación y la formación espiritual de los discípulos. Aquellos que proclamen y lleven el Evangelio completo deben demostrar compasión, aliviar la opresión, aliviar la pobreza, y restaurar individuos y comunidades a la integridad, según nos asociamos con el Espíritu Santo. Queremos ver la justicia espiritual y regresar a las plazas públicas otra vez.

Dios quiere que nuestra fe refleje a su Hijo, Jesucristo, tanto en nuestras vidas personales como en la manera en que tratamos a nuestros vecinos. La iglesia de los primeros años caminaba con el poder de Cristo y puso al mundo de cabeza. Preguntémonos, ¿estamos haciendo nosotros una diferencia en nuestros hogares, en nuestras comunidades, en nuestra nación, y en nuestro mundo? En el lado práctico de las cosas, ¿estamos haciendo una diferencia en las calles, donde la verdadera vida ocurre día a día? Jesús no se quedó dentro de las paredes del Templo, Él salió a caminar las calles, fue a los barrios y a las personas que los líderes religiosos evitaban y hasta odiaban. Jesús no le tuvo miedo a enfrentar cualquier obstáculo para estar con los pobres y llegar hasta los pecadores. Su misión era libertar a los cautivos. ¿Es esa nuestra misión? Él llegó a ellos, Él cenó con ellos, y Él los sanó – porque Él los amaba. Es más, los amaba tanto, que murió por ellos.

Esta es la pasión que el Señor quiere que arda en nuestros corazones – una pasión por la gente. Por favor, no me malinterpretes, el fuego que yo siento no está atado a que tú o yo "hagamos" más cosas. De hecho, por primera vez en mi vida, estoy aprendiendo acerca del valor de descansar en la obra terminada que Jesús hizo por mí, en lugar de lo que yo puedo hacer por Él.

No, no estoy hablando acerca de "ocupaciones" y "proyectos" para crear programas; en lugar de eso, estoy hablando de creyentes que tengan el corazón de Cristo para la gente que necesita ser rescatada del pecado y la desesperación. Estoy hablando acerca de permitirle al poder de Dios, la luz de los cielos, que toque la oscuridad que nos rodea.

Así que permíteme preguntarte, ¿deseas mostrar a otro la misma gracia, misericordia y amor, que Dios te ha mostrado a ti? ¿Estás listo para salir de la comodidad de tu salvación y vivir una vida cristiana más valiente – una vida que esté dedicada a rescatar a otros de la misma manera que Dios te rescató a ti?

Dios te ha salvado a ti no sólo para darte un boleto gratis de entrada a la vida eterna, sino para trabajar a través de ti para amar a otros y traerlos a Su reino.

Ora y busca la voluntad del Señor – "¿Qué quieres que yo haga? – ¿Quién quieres Tú que yo sea?" Y el Señor te guiará a un camino de fe audaz y valiente. Dame esta montaña…

Josué 14:10-12 dice, "Ya han pasado cuarenta y cinco años desde que el SEÑOR hizo la promesa por medio de Moisés, mientras Israel peregrinaba por el desierto; aquí estoy este día con mis ochenta y cinco años: ¡el SEÑOR me ha mantenido con vida! Y todavía mantengo la misma fortaleza que tenía el día en que Moisés me envió. Para la batalla tengo las mismas energías que tenía entonces. Dame, pues, la montaña que el SEÑOR me prometió en esa ocasión. Desde ese día, tú bien sabes que los anaquitas habitan allí, y que sus ciudades son enormes y fortificadas. Sin embargo, con la ayuda del SEÑOR los expulsaré de ese territorio, tal como él ha prometido"

Mientras estoy aquí sentado hoy, pensando sobre mi vida, las palabras de Caleb vienen a mi mente y todo lo que puedo decir es ¡WOW DIOS! Lo que Él ha hecho en mi vida no es diferente de lo que Él quiere hacer en la tuya. No, el camino no es todo color de rosas – es cierto que yo he sido bendecido, pero también han habido desiertos, desvíos, momentos de confusión, paredes de silencio, y hasta temporadas de dudas. El camino de la fe incluye experiencias reales de la vida y dificultades, pero también incluye la mano soberana de Dios que nos guía, nos moldea, y nos forma en la persona que Él quiere que seamos. Es una jornada que se camina mano a mano con el Señor y una que provee paz, consuelo y triunfo en medio de nuestras circunstancias.

En este punto de mi fe, ¡el Señor me está impulsando a pedir la montaña! Mi corazón y mi visión es ver la iglesia que dirijo convertirse en todo lo que Dios desea que seamos en nuestra comunidad (campo de misiones); significando, muy simplemente, que estaremos deseosos de vivir como cristianos en una misión.

La montaña que le estoy pidiendo a Dios no es sólo para mi iglesia local, sino para todos los que quieran ser parte de un movimiento que no acepta derrotas o ser menos de lo que Dios quiere para nosotros. El grito y pasión de mi corazón es que soltemos todo lo que está entorpeciendo nuestra profesión de fe, minando nuestro poder de superar obstáculos, y dejándonos inútiles. Mi esperanza es levantar cristianos con mente de misioneros, que estén equipados y apasionados de ser la iglesia, que vean el mundo como un campo de batalla y no un terreno de juegos. Quiero ver el poder de Dios desatado en mi generación. Quiero ver que la única medida de éxito en una iglesia sea una vida transformada impactando a otras vidas y no el número de personas que asistan a la iglesia cada domingo.

¿Qué significa esta visión en un sentido práctico? Significa ser usado por Dios como un rescatador y un defensor de adictos a las drogas, ex-convictos reentrando a la sociedad, de jóvenes sin motivación, deprimidos, sin esperanza y sin ejemplos a seguir, de madres solteras y niños empobrecidos, solos, o dentro de refugios de violencia doméstica, que necesitan un hogar y una esperanza; de personas que se han dado por vencidas o que no ven una salida de sus circunstancias; y de todo vecino que necesite del amor, compasión y misericordia de Cristo. Mi pasión es por una iglesia que comparta el Evangelio y SEA un reflejo de Jesús cuando lleguemos al lado de todos nuestros vecinos. ¡Una vida a la vez!

No hay un Plan B. Nosotros somos la solución para nuestra comunidad porque Dios está con nosotros.

La iglesia que yo pastoreo, *East Harlem Fellowship*, es una iglesia evangélica multicultural, multigeneracional, de alcance internacional, localizada en el corazón de East Harlem. Nos estamos preparando para lanzar esta visión que he compartido y que nosotros creemos es nuestro viaje a la tierra prometida (¡La Salida!) De hecho, nuestra visión incluye una facilidad Ministerial que no solamente ofrecerá ayuda espiritual, sino ayuda física tangible también.

Te invitamos a que te unas a nosotros en esta visión. ¡No importa dónde te congregues o dónde vivas, tú también puedes formar parte de este movimiento! Recuerda, como cristianos, tenemos una responsabilidad especial de poner el amor en acción, mientras atendemos a los que nos rodean, por amor al Evangelio. Todos hemos recibido un mandato de amar a Dios y amar a los demás.

Porque el Señor entregó su todo, nosotros somos llamados a hacer lo mismo y dejar un legado de generosidad. Creemos que, según actuemos en esto, veremos a nuestras comunidades progresar.

Seremos testigos de que nuestro prójimo crezca en la fe y gracia y nuestras familias sean tocadas con paz y una bendición celestial . Nuestras propias vidas serán cambiadas también mientras vivamos para la Gloria de Dios y las almas de hombres y mujeres. ¿Te unirás a este esfuerzo?

Hay muchas maneras de involucrarte en este movimiento – ya sea en persona, a través de los medios sociales, ¡o trabajando con nosotros para impactar SU comunidad!

Te invito a que vayas a la página de contacto que sigue ¡para que te conectes y participes con nosotros! Y mientras tú estás en eso, déjame saber cómo el Señor ha trabajado en tu vida y a dónde tú sientes que Él te está guiando ahora.

Unámonos todos para ser la iglesia en donde Dios pueda trabajar en este momento especial de la historia y en esta hora específica. ¡QUEREMOS OÍR DE TI!

¿Tienes un testimonio o historia que compartir con el Pastor Héctor? ¡A él le encantaría ver lo que Dios ha hecho y está haciendo en tu vida! Envíalo a:

Pastor@eastharlemfellowship.org

O por correo postal a: 324 Pleasant Avenue

#2D

New York, NY 10035

¿Estás interesado en formar parte de nuestro movimiento para ser todo lo que el Señor quiere que seamos y salir a nuestras comunidades con el amor de Cristo? Envíanos tu información y estado o país donde vives, escríbenos un correo electrónico a:

Pastor@eastharlemfellowship.org

¿Te gustaría que el Pastor Héctor Vega comparta su testimonio en tu iglesia o evento? Para preguntas sobre presentaciones personales, por favor contacta a Sofía al:

212-410-6119

Síguenos en las redes sociales y visita nuestra página web en:

Instagram: @hector_vega_nyc y Tambien @eastharlemfellowship
Facebook: @arrestedbygrace.org y Tambien @ehfnyc

Página web www.eastharlemfellowship.org

Donated by CLI Prison Alliance
Box 97095 Raleigh NC 27624
Write us a letter today!
Enroll in the CLI Bible study

Donado por CLI Prisión Alianza
Box 97095 Raleigh NC 27624
¡Escribenos una carta hoy!
Inscribirse en el estudio bíblico de CLI.